A German Course for Young People

Textbook 3

by
Hermann Funk
Susy Keller
Michael Koenig
Maruska Mariotta
Theo Scherling

Langenscheidt
New York

By
Hermann Funk, Susy Keller, Michael Koenig, Maruska Mariotta, Theo Scherling
Alphabetical word index: Mario López Barrios

Editor: Lutz Rohrmann
Layout: Theo Scherling
Cover: Theo Scherling, using a photograph by IFA-Bilderteam, München

We would like to thank all of the colleagues who tested *sowieso* in the classroom.

sowieso
A German Course for Young People

Volume 3: Components

Textbook 3	ISBN 3-468-96815-9
Cassette 3A (use with Textbook 3)	ISBN 3-468-47693-0
Workbook 3	ISBN 3-468-47691-4
Cassette 3B (use with Workbook 3)	ISBN 3-468-47694-9
Teacher's Handbook 3	ISBN 3-468-47692-2
Glossary German–English	ISBN 3-468-47696-5
Glossary German–French	ISBN 3-468-47697-3
Glossary German–Italian	ISBN 3-468-47698-1

Symbols used in *sowieso 3*:

 Listening text on cassette.

 You will find more information in the grammar unit of your workbook.

In 1996, representatives of all of the German-speaking countries agreed on a spelling reform.
The spelling in this book corresponds to this reform.

Printed on chlorine-free paper.

5.	4.	3.	2.	1.
01	00	99	98	97

Printed by Langenscheidt, Berlin
Printed in Germany · ISBN 3-468-**96815**-9

Si le das a alguien un pez
le alcanza para una comida
si le enseñas a alguien a pescar
le alcanza para toda la vida

Bir kimseye bir tane balık vermek
bir ön yemek için yeterli,
bir kimseye balık tutmasını öğretmek
ömür boyu yeterli.

If you give a man a fish,
you feed him for a day.
If you teach a man to fish,
you feed him for a lifetime.

Дать человеку рыбу —
и он будет сыт один раз.
Научить его ловить рыбу —
и он будет сыт всю жизнь.

Dać komuś rybę,
to wystarczy na jeden posiłek;
Nauczyć kogoś łowić ryby,
to wystarczy na całe życie.

Jemandem einen Fisch geben,
das reicht für eine Mahlzeit;
jemanden fischen lehren,
das reicht für das ganze Leben.

給人一條魚，養人一日；
教人釣魚，養人一輩子。

Jedam izsalkušajam
vīram zivi —
un viņam pietiks
vienām pusdienām;
iemāci šai viņu
zvejot —
un viņš būs
paēdis
vienmēr.

Le meilleur moyen
de nourrir un homme
n'est pas de lui donner
un poisson mais de
lui apprendre à pêcher.

ΔΟΣΕ ΣΕ ΚΑΠΟΙΟΝ ΕΝΑ ΨΑΡΙ
ΚΑΙ ΘΑ ΤΟΥ ΦΘΑΣΕΙ ΓΙΑ ΕΝΑ ΓΕΥΜΑ,
ΜΑΘΕ ΤΟΥ ΝΑ ΨΑΡΕΥΕΙ ΚΑΙ ΘΑ
ΤΟΥ ΦΘΑΣΕΙ ΓΙΑ ΟΛΗ ΤΟΥ ΤΗ ΖΩΗ.

Če daš nekomu ribo,
bo sit en dan,
če ga naučiš loviti ribe,
bo sit celo življenje.

Když dáš někomu rybu,
bude stačit jen na jedno
jídlo, když ho naučíš
lovit, vystačí s tím
celý život.

Donare un pesce a qualcuno,
serve per un pasto;
insegnare a pescare a qualcuno,
serve per tutta la vita.

3

Inhaltsverzeichnis

A sowieso 3 auf einen Blick

1 Was kennst du? Was interessiert dich? Was fällt dir zu den Bildern ein?

2 Welcher Ausschnitt gehört zu welchem Thema?

Geschichte   Ausländer   Umweltschutz   Berufe
Literatur   Musik   Computer   Kunst   Politik

 3 Höre die Kassette. Was erkennst du? Was passt zu welchem Ausschnitt?

B Wiederholung: bekannte Wörter – neue Übungen

4 Essen und Trinken in Deutschland – Wörter aus *sowieso 1* und *2* wiederholen. Ordne die Wörter in vier Gruppen. Ein Wort in jeder Gruppe ist der Oberbegriff. Zwei Wörter passen in keine Gruppe.

Bier · Blumenkohl · Cola · Eis · Frikadellen · Gemüse · Gurken · Fleisch · Hamburger · Kaffee · Lammfleisch · Getränke · Mineralwasser · Pfeffer · Popcorn · Praline · Salz · Schinken · Schokolade · Süßigkeiten · Tee · Tomaten · Wurst · Zwiebeln

5 Kannst du die Adjektive in zwei Gruppen ordnen? Gib jeder Gruppe eine Überschrift.

böse · einsam · fantastisch · faul · glücklich · ideal · interessant · schrecklich · ungesund

6 Perfekt: Finde zu jeder Regel drei Verben.

ge -t	-ge-t	ge-en	-ge-en	-t
gearbeitet				

7 Wörter und Oberbegriffe finden.

a ...
heiß
Kaffee ... Mineralwasser
... ...

b Was man in der Schule tut.
Schulfach: Deutsch Schulfach: ...
lesen schwimmen
... ...
...

c ...
Sommer: ...
Badehose Mantel
T-Shirt ...
... ...
... ...

d Zeit
... Sekunde
Woche ...
... ...
Jahr ...

8 Mit Dialogbaukästen arbeiten. Welche Sätze passen in welche Spalte?

Ich möchte nicht mehr als 90 Mark ausgeben. · Ja, die gefällt mir, die nehme ich. · Wo kann ich bezahlen? · Claudia hat erzählt, dass sie in den Ferien bei ihrer Oma war. · Hast du morgen Abend Zeit? · Ja, das geht. · Dirk findet, dass Fernsehen langweilig ist. · Unser Trainer sagt immer, dass wir uns mehr anstrengen müssen. · Gehst du am Samstag mit ins Konzert?

sich verabreden	einkaufen	berichten, was jemand gesagt hat

9 Schreibt einen Dialog und verwendet drei von den Sätzen aus eurem Dialogbaukasten.

10 Grammatiksprache: Hier findet ihr grammatische Begriffe aus *sowieso 1* und *2*.
Ordnet die Begriffe den Sätzen zu. Gruppe A: Sätze 1–10, Gruppe B: Sätze 11–20.

Tipp: Die unterstrichenen Satzteile helfen dir.

Satz 1: Akkusativergänzung

1. Onkel Jo hat <u>einen</u> Floh.
2. Bitte <u>geben Sie</u> weniger Hausaufgaben!
3. Dr. Bornebusch hat <u>kein</u> Auto.
4. Am Wochenende hat <u>meine</u> Tante <u>unsere</u> Kaninchen gefüttert.
5. Sabine wartet auf Jürgen <u>hinter der</u> Sporthalle.
6. Am <u>25.12.</u> ist der <u>erste</u> Weihnachtsfeiertag.
7. In den Osterferien <u>waren</u> wir die ganze Zeit zu Hause.
8. Die kleinsten Hunde bellen <u>am lautesten</u>.
9. Ich <u>habe</u> es drei Stunden <u>probiert</u>. Du <u>hast</u> immer <u>telefoniert</u>!
10. Sie müssen <u>durch den</u> Wald gehen und dann <u>über die</u> Brücke.

11. Ich <u>kann</u> leider nicht mitkommen, ich <u>muss</u> noch Hausaufgaben machen.
12. Wann <u>kommt</u> ihr aus Wien <u>zurück</u>?
13. <u>Wie lange</u> muss ich eigentlich noch zur Schule gehen?
14. Peter ist gestern mit seinem <u>neuen</u> Fahrrad in die Schule gekommen.
15. Ich habe große <u>Lust</u>, mit dir in die Disco <u>zu</u> gehen.
16. Die Schüler <u>müssten</u> kürzere Ferien haben.
17. Daniel hat <u>seinen Freunden einen Witz</u> erzählt, aber sie haben nicht gelacht.
18. Irene war <u>seit</u> einem Monat nicht mehr in der Schule.
19. Ein Mann ging <u>in</u> den Wald. <u>Im</u> Wald, da war es kalt.
20. In Deutschland <u>ärgern sich</u> die Leute oft über das Wetter.

Possessivpronomen
Verneinung
Akkusativergänzung
Imperativ
Präteritum
Adjektivkomparation
Perfekt
Ordnungszahlen
Präpositionen mit Akkusativ
Präpositionen mit Dativ

Fragewörter mit W
trennbare Verben
Wechselpräpositionen
Adjektivendungen
Sätze mit Zeitangaben und Dativ
Infinitiv mit *zu*
Konjunktiv II
Modalverben
Reflexivpronomen und Akkusativ
Dativ- und Akkusativergänzung

11 Lesetexte: In dem Text sind vier „inhaltliche" Fehler.

Finde die falschen Wörter.
Wie heißen die Wörter richtig?

Die Zeit vor Weihnachten, die „Vorweihnachtszeit", ist in Deutschland, Österreich und in der Schweiz fast genauso unwichtig wie das Weihnachtsfest selbst. Die Adventszeit beginnt vier Sonntage nach Weihnachten. Schon vorher, seit Mitte November, sind viele Städte mit Lichtern und Tannengrün dekoriert. Die meisten Familien haben keinen Adventskranz mit vier Kerzen. Jeden Sonntag wird eine Kerze mehr angezündet. Am vierten Advent brennen dann alle drei Kerzen.

A Pläne und gute Vorsätze

Menschen machen oft Pläne, weil sie etwas in ihrem Leben, in ihrem Alltag verändern wollen, zum Beispiel an der Arbeit, in der Schule oder in der Freizeit.
Sie wollen ihre Wohnung in Ordnung bringen, gesünder essen und mehr Sport treiben. Das sind „gute Vorsätze". Manchmal klappt es, manchmal klappt es nicht.

1 Lies das Beispiel. Was sagt das Mädchen noch? Ergänzt den Text und vergleicht in der Klasse.

2 Was passt zusammen?

Ich werde am Samstag meine Geburtstagsparty	lernen.
Ich werde nie mehr auf dich	mitbringen.
Für die nächste Arbeit werde ich mehr	schreiben.
Nächstes Jahr werde ich meinen Führerschein	feiern.
Ich werde dir aus Zürich zehn Kilo Pralinen	warten.
In Zukunft werde ich dir mehr	machen.

3 Wann hast du gute Vorsätze?
Nach den Ferien? An Neujahr?
Nach den Zeugnissen?
Frage auch deinen Nachbarn.

4 Was willst du ändern? Schreibe einen guten Vorsatz auf einen Zettel. Der Sprachbaukasten hilft.

Ich werde ab morgen	nicht mehr(so viel) viel mehr weniger öfter früher	Pommes frites essen. ausgehen. fernsehen. Freunde besuchen. aufstehen.
	anfangen, versuchen, aufhören,	positiver zu denken. meiner Mutter mehr zu helfen. zu …

5 Sammelt die Zettel ein. Lest vor und ratet: Wer hat welchen Zettel geschrieben?

B Futur

6 Sieh dir die Sätze in Aufgabe 2 noch einmal an und ergänze die Regel im Heft.

So bildet man das Futur: ⬭ + ⬭

7 Schreibt die Konjugationstabelle von *werden* an die Tafel. Wo könnt ihr nachschlagen?

8 Ein Zeitungsartikel: Lest die Überschrift und sammelt Hypothesen. Was wird im Text stehen?

TV 2000: Wir werden weniger glotzen – aber trotzdem länger vor dem Bildschirm sitzen

Das Fernsehen verliert seinen Reiz

Schon in wenigen Jahren werden wir weniger fernsehen – aber trotzdem länger vor der Glotze sitzen. Während das Interesse an den herkömmlichen TV-Sendungen erlahmt, wird der Bildschirm als Kommunikationsmittel eine völlig neue Bedeutung erlangen: Er ersetzt dann Volkshochschulkurse, Versandhaus-Kataloge

Aus: AZ (Abendzeitung München) 10./11.12.1994

9 Hier sind fünf Thesen. Welche passen zum Text? Begründe deine Meinung mit dem Text.

1. In Zukunft werden die Menschen mehr fernsehen.
2. Mit dem Fernseher werden andere Aktivitäten möglich sein als heute.
3. Man wird mit dem Fernseher einkaufen können.
4. Die Menschen werden mehr zu Hause bleiben.
5. Wir werden Bücher und Zeitschriften am Bildschirm lesen.

1993 haben die Menschen in Deutschland durchschnittlich 33,6 Milliarden Stunden ferngesehen. In 10 Jahren werden es „nur" noch 27 Milliarden Stunden sein, ein Rückgang von rund 20%. Das hat jetzt die Telekom in einer Zukunftsstudie festgestellt. Andererseits wird der Fernseher zusammen mit Telefon, Kabelanschluss und Computer im Jahr 2004 zusätzlich 13 Milliarden Stunden laufen, aber jetzt als interaktives Kommunikationsmittel. Die Wege zur Bank, zum Supermarkt oder zur Volkshochschule werden überflüssig werden. Für viele Kurse, auch Sprachkurse, werden wir nur noch die Fernbedienung brauchen. Einerseits spart man so Zeit, andererseits droht aber der Verlust von persönlichen Kontakten. MK

Installation von Nam June Paik

10 Diskussion: Fernsehen zur Unterhaltung – Fernsehen als Kommunikationsmittel? Wie benutzt ihr den Fernseher?

11 Das war eine Prognose für das Jahr 2004. Wie ist es heute bei euch?

12 Zukunftsentwicklungen: Vorteile und Nachteile besprechen.

einerseits

① Einerseits muss man nicht mehr in die Geschäfte laufen, …

② Einerseits kann man am Bildschirm bequem lernen, …

③ Einerseits ist das Arbeiten im Sitzen sehr bequem, …

④ Einerseits hat man durch den Computer weniger direkte Kontakte, …

andererseits

ⓐ … andererseits fehlt der Kontakt in der Klasse.

ⓑ … andererseits sollten sich die Menschen mehr bewegen.

ⓒ … andererseits ist Computerarbeit sehr effektiv.

ⓓ … andererseits verlieren sicher viele Menschen ihren Arbeitsplatz.

Beispiel:

einerseits + ⟨Verb⟩   andererseits + ⟨Verb⟩

Einerseits   macht   Arbeit Spaß,   andererseits   ist   Arbeit oft Stress.

13 Schreibe ganze Sätze mit *einerseits – andererseits,* wie im Beispiel vorgegeben.

viel üben · Schokolade · gut schmecken · Autos praktisch · Computerspiele · viel Zeit kosten · gute Noten · viele Kalorien · schlecht für die Umwelt · großen Spaß machen · …

Einerseits muss man viel üben, andererseits bekommt man gute Noten.

14 Über Zukunft sprechen – so oder so:

> 1. So: Morgen werde ich meine Oma besuchen. (Futur mit "werden" + Infinitiv)
> 2. Oder so: Morgen besuche ich meine Oma. (Präsens)

In vielen Sprachen muss man eine Verbform für das Futur benutzen. Auf Deutsch kann man auch das Präsens verwenden. *Werden* + Infinitiv benutzt man nur, wenn man etwas besonders betonen will oder eine Prognose macht.

Deutsch ist aber einfach !!

Amanha vou visitar minha avó.

Domani vado a trovare mia nonna.

Tomorrow I'm going to visit my grandmother.

Wie ist das in eurer Muttersprache?

15 Zukunft ausdrücken ohne *werden.* Lest die Sätze aus Aufgabe 2 vor: Ich feiere am Samstag …

16 Zukunft mit Zeitangaben: Was wird passieren? Ergänze die Sätze.

a In fünf Minuten ... · **b** In einer Stunde ... · **c** Heute Nachmittag ... · **d** Morgen Vormittag ... ·
e Übermorgen ... · **f** Nächste Woche ... · **g** In 14 Tagen ... · **h** Nach der Schule ... · **i** In drei ...

17 Wiederholung – Du kennst jetzt vier Zeiten: Präsens, ...

18 Zwei Sätze – vier Zeiten. Schreibt die Sätze
in allen vier Zeiten auf. Arbeitet zu zweit.

1. Klaus spielt Fußball.
2. Erika ist nach Amerika gefahren.

19 Ergänzt die Sätze aus Aufgabe 18 mit Zeitangaben, Ortsangaben, anderen Personen, Adjektiven.

Letzte Woche hat Klaus mit seinen ...

C Wozu kann man Deutsch gebrauchen? Drei Jugendliche berichten

Millionen von Schülern lernen in Deutschland Fremdsprachen. Meistens
Englisch und Französisch. Sie haben genauso viele Probleme wie ihr mit
Deutsch. Manchmal sogar noch mehr. Aber manchmal machen Fremdsprachen auch Spaß. Drei Schüler haben im Radioclub erzählt, wie sie
ihre Fremdsprachenkenntnisse verwenden.

20 Einen Hörtext vorbereiten: Schließt das Buch. Eure Lehrerin diktiert euch zu jedem Hörtext fünf
Stichwörter. Sprecht über die Stichwörter.

21 Hört die Kassette und notiert weitere Stichwörter.

22 Lest die Texte und vergleicht mit der Kassette. Eine Information in jedem Text ist falsch.

Marco Madonia,
Frankfurt

Letztes Jahr war
ich mit meinen
Eltern auf einem
Campingplatz bei
Avignon in Süd-
frankreich. Dort gibt es viele deutsche Touristen. Ich habe gehört, wie
ein deutsches Ehepaar versucht hat,
in einem Restaurant etwas zu bestellen. Ich konnte ihnen helfen und
ihnen sagen, was die Spezialität der
Region ist. Sie waren sehr froh und
haben mich und meine Schwester
am nächsten Nachmittag zu einem
großen Eisbecher eingeladen. Tja,
da haben sich meine Französisch-
kenntnisse gelohnt!

Christina Wolf,
Wiesbaden

Also, ich habe
jetzt schon einige
Filme auf Eng-
lisch im Fernse-
hen gesehen. Ich
bin immer total erstaunt, wie anders
die Stimmen der Schauspieler auf
Englisch klingen. Manchmal finde
ich die deutsche Stimme interessan-
ter, manchmal die englische. Bei unserem Fernsehgerät kann man bei
vielen Filmen zwischen der englischen und der deutschen Sprache
wählen. Ich höre dann ein Stück auf
Deutsch und ein Stück auf Englisch.
Das ist total langweilig.

Sebastian
Hagelberg,
Rostock

Ich lerne jetzt
seit zwei Jahren
in unserem Gym-
nasium Polnisch.
Bis jetzt habe ich es nur im Unterricht gebraucht. Ein Austauschpro-
gramm haben wir noch nicht. Aber
wir werden in zwei Monaten mit unserer Polnischlehrerin nach Warschau
fahren. Ich habe jetzt auch viel über
Polen gelesen, auf Deutsch. Ich glaube, die Jugendlichen leben dort ein
bisschen anders als bei uns. Manche
Dinge sind auch gleich, Sport und
Hobbys zum Beispiel. Ich freue mich
schon auf die Fahrt.

23 Besprecht in Gruppen: Wann habt ihr schon Fremdsprachenkenntnisse gebraucht? Wo und wozu?

A Über das Wetter reden

1 Wetterwörter: Welche Wörter passen zu den Zeichnungen?

☀	⛅	☁	🌦	🌧	⛈	🌨	≈≈≈	⬆
heiter	wolkig	bedeckt	Schauer	Regen	Gewitter (Blitz+Donner)	Schnee	Nebel	Wind (km/h)

2 Welche Wörter braucht man bei euch oft? Welche nicht?

 3 Wir haben ausländische Studenten gefragt: Wie findet ihr das Wetter in Deutschland? Hört die Kassette und notiert, was sie gut und nicht so gut finden.

 4 In Mitteleuropa wechselt das Wetter häufig. Vielleicht ist es deshalb ein typisches Thema, wenn man ein Gespräch anfangen will. Alle reden über das Wetter.
So beginnen oft Gespräche. Hört die Kassette und übt die Intonation.

○ Ein Sauwetter, findest du nicht?
● Typisch Wochenende! Am Montag wird es bestimmt wieder schöner.

○ Morgen soll es regnen.
● Dann machen wir die Grillparty nächsten Samstag.

○ Tolles Wetter heute!
● Mir ist es egal, ob die Sonne scheint oder nicht. Ich muss für den Test lernen.

○ Puh, ist das eine Hitze heute!
● Sei doch froh! Wenn es kalt ist, bist du auch nicht zufrieden.

5 Was sind beliebte Themen in deinem Land, wenn man ein Gespräch beginnt? Wetter? Essen? Gesundheit?

„Wenn man bei uns ein Gespräch beginnt, redet man meistens über das Essen, nicht über das Wetter." **Ong May Anne, Singapur**

6 Eine Wetterkarte aus der Zeitung: Zu welcher Jahreszeit könnte sie passen? Wo ist es am wärmsten, am kältesten, am schönsten …?

7 Ein Spiel: Ein Schüler nennt einen Ort aus der Karte oder aus der Tabelle – ein anderer sagt, wie das Wetter dort ist bzw. war.

Bozen?

In Bozen war es bedeckt.

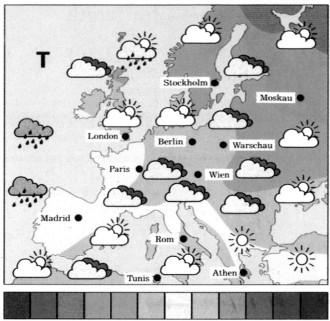

WETTERLAGE EUROPA

unter –15°	–15° bis –10°	–10° bis –5°	–5° bis 0°	0° bis 5°	5° bis 10°	10° bis 15°	15° bis 20°	20° bis 25°	25° bis 30°	30° bis 35°	über 35°

8 Wie war das Wetter gestern in … ?

a In Oslo waren es gestern …
b In Tunis hat es …
c In Malaga war schönes …
d In Rom war es …
e In Zürich gab es …

Das Wetter von gestern 14.00 Uhr

Amsterdam	stark bew.	7°	Lissabon .... Regen	16°	Paris........... Regen 8°
Athen .... wolkig	13°		London ...... st. bew.	9°	Prag .... bedeckt 1°
Barcelona .. wolkig	12°		Malaga ...... heiter	16°	Rom .... bedeckt 15°
Berlin .... wolkig	1°		Mallorca..... wolkig	15°	Stockholm bedeckt 0°
Bozen .... bedeckt	5°		Moskau ..... wolkig	–9°	Tel Aviv ... wolkig 17°
Hamburg.... bedeckt	2°		München ... bedeckt	0°	Tunis .... Regen 13°
Kassel .... bedeckt	1°		New York ... nicht gem.		Venedig...... bedeckt 13°
Kopenhag. bedeckt	2°		Nizza .... wolkig	5°	Wien........... bedeckt 3°
Las Palmas bedeckt	14°		Oslo .... wolkig	0°	Zürich......... Nebel 1°

9 Wetter im Radio: Lies die fünf Aussagen über das Wetter morgen. Höre die Prognose im Radio. Was hast du gehört?

a Bedeckt und regnerisch bei Temperaturen um 0 Grad.
b Schneefall und Temperaturen von 2 bis 5 Grad.
c Es wird warm.
d In der Nacht gehen die Temperaturen zurück bis minus drei Grad.
e In den nächsten Tagen kalt, am Montag wärmer.

10 Reisewetterbericht am Wochenende im Radio: viele Orte, viele Zahlen, viele Informationen. Überlege: Was willst du verstehen? Welche Strategie hilft dir?

11 Die „Wetterverben" mit *es*: Arbeite mit dem Wörterbuch.

Es s...   Es r...   Es b...   Es d... **KAWUMM**

Es hagelt.    Es ist schön.   Es ist h...   Es ist k... .

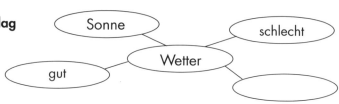

3

12 Wetterwörter sammeln und ordnen:
Arbeitet in Gruppen, macht einen Vorschlag
und vergleicht die Ergebnisse.

13 Schreibe einen Lerntipp zu Aufgabe 12.

B Wetter-Bedingungen: Sätze mit *wenn – dann*

14 Verbinde die Satzteile zu ganzen Sätzen.

Wenn es am Wochenende schneit, …   … gehen wir ins Schwimmbad.
Wenn die Sonne scheint, …   … könnten wir Ski fahren.
Wenn es zu kalt ist, …   … musst du vorsichtig fahren.
Wenn es glatt ist, …   … leihe ich dir meinen Schirm.
Wenn es regnet, …   … bleiben wir zu Hause.

Wenn es regnet, (dann) leihe ich dir meinen Schirm.

15 Sätze mit *wenn* am Satzanfang: Wie verändert sich die Wortstellung?

Die Sonne (scheint). Wir (gehen) ins Schwimmbad.

Wenn die Sonne (scheint), (gehen) wir ins Schwimmbad.

16 Ein Tag: Ergänze die Sätze.

a Wenn der Wecker klingelt, … · **b** Wenn ich geduscht habe, … · **c** Wenn es kalt ist, … ·
d Wenn es warm ist, … · **e** Wenn ich den Bus verpasst habe, … · **f** Wenn ich zu spät in den
Unterricht komme, … · **g** Wenn ich die Hausaufgaben gemacht habe, … ·
h Wenn wir Pause haben, … · **i** Wenn die Schule aus ist, … · **j** …

17 Gute Bedingungen für das Lernen: Ergänze die Lerntipps.

1. Wenn ich … lerne, arbeite ich immer mit der Wortschatzkiste.
2. Wenn ich Dialoge …, dann arbeite ich oft mit einem Partner.
3. Wenn ich einen …, versuche ich es zuerst ohne Wörterbuch.
4. Wenn ich müde bin, dann mache ich eine …
5. … Test vorbereite, mache ich mir einen Plan.
6. … Aussprache übe, dann arbeite ich meistens … Kassettenrecorder.
7. …

18 **Nebensätze mit *ob*: Vergleiche die Dialoge.**

Dialog 1
○ Weißt du, wann Astrid heute kommt?
● Ich glaube, um acht.

Dialog 2
○ Weißt du, ob Astrid heute kommt?
● Nein, sie kommt morgen Abend.

Dialog 3
○ Peter hat angerufen.
● Und – was hat er gesagt?
○ Er hat gefragt, wann du mit ihm ins Kino gehen willst.

Dialog 4
○ Peter hat angerufen.
● Und – was hat er gesagt?
○ Er hat gefragt, ob du mit ihm ins Kino gehen willst.

Indirekte Fragen mit *ob* – Man muss sich entscheiden: ja oder nein.

19 **Ergänze die Satzanfänge rechts, so dass sie zu den Fragen links passen. Es gibt viele Möglichkeiten.**

Ich weiß nicht, wie viel Uhr es ist. Ich weiß nicht, ob es morgen regnet.

Fragen	**Satzanfänge**
Wie viel Uhr ist es?	Ich weiß nicht,
Regnet es morgen?	Kannst du mir sagen,
Was bringt die Zukunft?	Claudia fragt ihre Mutter,
Wie funktioniert der Drucker?	Niemand weiß,
Darf ich mit Jens ins Kino gehen?	Mir ist es egal,
Warum lerne ich Deutsch?	Ich frage mich manchmal,
Sind Hausaufgaben sinnvoll?	…

20 **Wiederholung „Nebensätze": Schreibe ganze Sätze. Es gibt verschiedene Möglichkeiten.**

Ich kann nicht mitkommen,	weil	ich krank sein
Meine Mutter hat gesagt,	ob	ich im Bett bleiben müssen
Viele Schüler wissen nicht,		sie richtig lernen sollen
Eva fragt sich manchmal,	wenn	Klaus sie lieben
Mein Vater hat sich ein neues Fahrrad gekauft,		sein altes Fahrrad kaputt sein
Am Wochenende gehen wir immer wandern,	dass	die Sonne scheinen
Meine Eltern wollen es immer wissen,	wie	ich abends weggehen
Markus hat Katharina gefragt,		sie ins Konzert mitgehen

C Das Wetter: Gedichte und Reime

21 Bauernregeln: Gibt es das bei euch auch?

> Wenn der Hahn kräht auf dem Mist,
> ändert sich das Wetter oder es bleibt, wie es ist.

> Wenn es regnet im Mai, ist der April vorbei.

22 Sprichwörter und Gedichte haben oft eine „falsche" Grammatik.
Schreibt die Bauernregeln grammatisch richtig auf.

 23 Gedichte über Wetter und Jahreszeiten: Höre das Gedicht von der Kassette. Lies es vor.
Warum ist alles klein- und zusammengeschrieben?

Hans-Curt Flemming
winterliebesgedicht

weilessokaltist
ziehensichdiewörterzusammen
aufdempapier
undwir
rückenauchganznah
zusammen
dannkönnenwiruns
liebenundwärmen

winterdukannstunsmal

24 September: Welche Wörter
fallen dir zu diesem Monat
ein? Wie ist das Wetter?

Eduard Mörike
Septembermorgen

Im Nebel ruht noch die Welt,
noch träumen Wald und Wiesen:
bald siehst du, wenn der Schleier fällt,
den blauen Himmel unverstellt,
herbstkräftig die gedämpfte Welt
in warmem Golde fließen.

 25 Höre das Gedicht von der
Kassette und lies es vor.

 26 Ordne die Zeilen. Lies vor und höre dann das Gedicht von der Kassette.

Herbstlied
Bunt sind schon die Wälder,

graue Nebel wallen,

gelb die Stoppelfelder,

kühler weht der Wind.

Johann Gaudenz von Salis-Seewis

Rote Blätter fallen,

und der Herbst beginnt.

27 Heinrich Hoffmann: „Die Geschichte vom fliegenden Robert"

Lies und höre den Text.

Wenn der Regen niederbraust,
Wenn der Sturm das Feld durchsaust,
Bleiben Mädchen oder Buben
Hübsch daheim in ihren Stuben. –
5 Robert aber dachte: Nein!
Das muß draußen herrlich sein! –
Und im Felde patscht er
Mit dem Regenschirm umher.

Hui, wie pfeift der Sturm und keucht,
10 Dass der Baum sich niederbeugt!
Seht! Den Schirm erfaßt der Wind,
Und der Robert fliegt geschwind
Durch die Luft so hoch, so weit;
Niemand hört ihn, wenn er schreit.
15 An die Wolken stößt er schon,
Und der Hut fliegt auch davon.

Schirm und Robert fliegen dort
Durch die Wolken immerfort.
Und der Hut fliegt weit voran,
20 Stößt zuletzt am Himmel an.
Wo der Wind sie hingetragen,
Ja, das weiß kein Mensch zu sagen.

28 Lesetipp: unbekannte Wörter durch bekannte ersetzen. Wohin passen diese Wörter?

Strophe 1: fällt, läuft, Jungen, Zimmern
Strophe 2: schnell, weg
Strophe 3: immer weiter

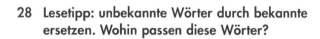

Z. 1 niederbraust = fällt

29 Denkt, schreibt oder spielt die Geschichte weiter. Hier sind einige Ideen. Habt ihr andere?

1. Robert ist irgendwo auf der Welt gelandet und schreibt eine Karte.
2. Eine Zeitung berichtet über Roberts Geschichte.
3. Die Eltern geben ein Interview im Radio.
4. Robert wird berühmt und tritt in einer Fernseh-Talkshow auf.
5. …

D Zeitungsberichte: Wetter und Unwetter

30 Wenn etwas über das Wetter in der Zeitung steht, dann geht es meistens um Unwetter, das heißt um Wetterkatastrophen. Welche Begriffe für Naturkatastrophen und Unwetter aus den Texten passen zu den Erklärungen a–e?

a Wenn es zu viel regnet …
b Wenn es lange nicht geregnet hat …
c Ein sehr starker Wind, ein Sturm …
d Große Schneemengen kommen vom Berg ins Tal…
e Wenn sich die Erde bewegt …

Hochwasser

Von Lawine verschüttet. Zwei deutsche Skifahrer im Alter von 16 und 18 Jahren sind im Schweizer Kanton Wallis tot aufgefunden worden. Die Jugendlichen aus Erfurt waren von einer kleinen Lawine in einem für Skiläufer gesperrten Gebiet erfaßt worden.

Spanien ertrinkt nach Dürre in Regen und Schnee

MADRID ■ Spanien versinkt nach stellenweise fünfjähriger Dürre derzeit in Regen und Schnee. Seit Tagen zieht ein Tiefdruckgebiet nach dem anderen über die ~~g~~...

Eischaos im Süden: 500 Unfälle

HAMBURG ■ Auf eisglatten Straßen haben sich am Donnerstag morgen im Süden Deutschlands rund 500 Verkehrsunfälle ereignet. Mindestens fünf Menschen starben und mehr als 100 wurden zum Teil schwer verletzt. Die Polizei bezifferte den entstandenen Sachschaden auf mehrere Millionen Mark.

Hurrikan „Allison" erreicht Florida: Wind schwächt ab

SHELL POINT ■ Der Hurrikan „Alison" hat den US-Staat Florida am Montag erreicht. An der Westküste ...

Überschwemmungen. Der Nordosten Chinas ist von den schwersten Regenfällen seit Jahrzehnten heimgesucht worden. Fast alle Flüsse traten über die Ufer. Wasserreservoirs wurden ...

EXTREMWERTE

Bereits mehr als 220 Hitzetote in USA

CHICAGO/OFFENBACH ■ Der folgenschwersten Hitzewelle in den USA seit 15 Jahren sind bereits mindestens 22... | haben uns gewundert, daß ... nicht ins ...

AUS ALLER WELT

16 Tote im Taifun. Der Taifun über Südkorea hat mindestens 16 Menschen getötet und schwere Schäden angerichtet. Vor ...

Starkes Erdbeben in der Steiermark

Graz. – Ein Erdbeben erschütterte in der Nacht zum Freitag das obere Murtal. Zahlreiche Häuser wurden beschädigt (Lokales).

31 Wo? Wer? Was? – Sucht weitere Informationen in den Zeitungsausschnitten.

32 Über welche Naturkatastrophen berichten die Zeitungen in eurem Land oft?

E Krankheit

33 Schaut euch die Zeichnung an, hört und lest den Dialog.

○ Mensch, hast du aber einen Schnupfen!

● Ach, hör auf, ich bin total erkältet. Letzte Woche habe ich mit 40 Grad Fieber im Bett gelegen.

○ Kein Wunder bei dem Wetter. Warst du schon beim Arzt?

● Ja, er hat mir Grippetabletten und Hustensaft verschrieben. Aber das hilft nichts.

○ Versuch's doch mal mit heißer Zitrone und Honig. Meine Großmutter sagt, das hilft. Warst du eigentlich in der Schule?

● Ja. Ich hab' zwei Lehrer und die halbe Klasse angesteckt. Die haben jetzt auch alle Halsschmerzen. Und du? Was ist denn mit deinem Bein? Wie ist denn das passiert?

○ Ja, weißt du, letzte Woche hatten wir Glatteis …

34 Variiert den Dialog. Was kann man austauschen?

35 Dialoge über Krankheiten. Arbeitet mit dem Dialogbaukasten. Wählt eine Zeichnung aus. Spielt einen Dialog vor.

sagen, welche Krankheiten man hat	darauf reagieren
Ich habe Fieber. Bauchschmerzen. Kopfschmerzen. Zahn…/Hals…/…	Warst du schon beim Arzt? Versuch's doch mal mit heißer Zitrone und Honig. Am besten ist, du bleibst im Bett. Hast du Halstabletten? Nimmst du Hustentropfen? Gute Besserung!
Mein Bauch/Kopf/… tut weh. Mein Arm/Bein/… ist gebrochen. Ich bin erkältet/krank. Mir ist schlecht.	Stell dich nicht so an! Du alter Simulant/alte Simulantin!

36 Solche Zeitungsartikel findet man im Winter in Deutschland oft. Gibt es bei euch häufige Krankheiten?

ERKRANKUNGEN
Grippewelle grassiert

HAMBURG ■ Eine schwere Grippewelle hat Nord- und Ostdeutschland erfasst. Allein in Hamburg leiden derzeit Tausende unter hohem Fieber, Schüttelfrost, Husten, Heiserkeit, Gliederschmerzen, Bronchitis und Lungenentzündung. Der Andrang auf Arztpraxen, Krankenhäuser und Apotheken während und nach den Feiertagen war auch in Hannover, Leipzig, Schwerin, Erfurt und Potsdam enorm.

Ärzte empfehlen, zum Schutz vor Ansteckung Menschenansammlungen wie in öffentlichen Verkehrsmitteln und Kaufhäusern zu meiden und statt dessen an frischer Luft spazieren zu gehen. Vitamine und viel Obst gehören zur Zeit besonders auf den Speisezettel. Wer länger als drei Tage über 39 Grad Fieber hat, sollte zum Arzt gehen, sich Ruhe gönnen und viel trinken – jedoch keinen Alkohol, weil er das Abwehrsystem schwächt. *(dpa/AP)*

A Was heißt hier Ausländer?

1 Lest den Cartoon. Wo unterhalten sich die beiden Männer? Wer ist „Ausländer"? Woran merkt man das? Lest danach den Text.

In Deutschland leben rund zwei Millionen Türken. Mehr als die Hälfte von ihnen lebt schon länger als 15 Jahre hier. Sie haben Ende der 60er Jahre ihre Heimat verlassen, weil sie in Deutschland Arbeit gefunden haben. Ein Viertel von ihnen ist in Deutschland geboren.

Die deutschen Ausländergesetze sind ziemlich kompliziert. Wer in den USA geboren wird, ist automatisch Amerikaner. Wer in Deutschland geboren wird, ist aber nicht automatisch Deutscher. Sind die Eltern zum Beispiel Türken, dann bleibt auch das Kind zunächst Ausländer und bekommt nicht sofort die deutsche Staatsbürgerschaft.

> WIR SIND ALLE AUSLÄNDER
> FAST ÜBERALL

2 Den Satz oben haben sich viele Menschen in Deutschland auf ihr Auto geklebt. Wie verstehst du den Satz? Wo bist du Ausländer? Wer ist eigentlich Ausländer? In Deutschland? Bei euch?

3 Aussagen über eine Statistik machen: Ergänze den Text.

a In Deutschland leben fast … Millionen Türken.

b Die zweitgrößte Gruppe sind die …

c Die Zahl der italienischen Migranten beträgt …

d Insgesamt leben in Deutschland … Ausländer.

e In Deutschland leben mehr Österreicher als …

f Ungefähr 261 000 Ausländer in Deutschland sprechen … als Muttersprache.

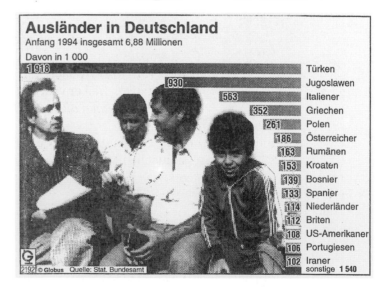

Ausländer in Deutschland
Anfang 1994 insgesamt 6,88 Millionen
Davon in 1 000

1 918	Türken
930	Jugoslawen
563	Italiener
352	Griechen
261	Polen
186	Österreicher
163	Rumänen
153	Kroaten
139	Bosnier
133	Spanier
114	Niederländer
112	Briten
108	US-Amerikaner
106	Portugiesen
102	Iraner
	sonstige 1 540

2192 © Globus   Quelle: Stat. Bundesamt

4 Wiederholung: Menschen, Länder und Sprachen – Wer findet in drei Minuten die meisten Wörter?

Italiener/Italienerin – Italien – Italienisch   Deutscher/Deutsche – Deutschland – Deutsch

5 Übt die Aussprache. Achtet auf den Wortakzent: Italiener/Italienerin – Italien – Italienisch

B Biografien zwischen zwei Kulturen

6 Diskutiert in der Klasse:
Was bedeutet diese Karikatur?

7 Lies die Erklärung und höre dann
die Kassette.
Neveda ist Türkin. Wie interpretiert sie die Zeichnung?

Der Ausdruck „Zwischen zwei
Stühlen sitzen" bedeutet, dass
jemand in einer unangenehmen
Situation ist. Die Person hat
Probleme mit der einen Seite
und der anderen Seite.

8 Die Zeitschrift „PZ – Wir in Europa" stellte 1995 türkische Biografien in Deutschland vor.
Express-Strategie: Überfliege die Texte 1 und 2 (S. 23/24) und beantworte die W-Fragen:
Wer? Wie alt? Wo? Woher?

Text 1

Selda Öztürk *ist 18 Jahre alt und lebt seit 1990 in der Bundesrepublik
Deutschland. Sie hat in Köln die Hauptschule besucht – mit viel Erfolg,
denn heute lernt sie weiter im Gymnasialzweig einer Gesamtschule.*

PZ: Fühlst du dich als Deutsche oder als Türkin?
Keine Ahnung. Ich weiß nicht so recht. Eigentlich fühle ich mich als
Europäerin.
PZ: Hast du Vorbilder?
Ja, Atatürk, weil er vieles in der Türkei verändert hat.
*PZ: Was können die Deutschen von den Türken lernen und umgekehrt
die Türken von den Deutschen?*
Die Deutschen sollten von den Türken die Warmherzigkeit übernehmen. Oft fühle ich mich
fremd, wenn ich mich mit deutschen Mitschülern unterhalte. Die Türken könnten bei der Kinder-
erziehung viel von den Deutschen lernen. Deutsche Kinder sind viel freier erzogen und dürfen
viel mehr. Die Eltern sind nicht so streng wie in türkischen Familien. Mein Vater würde nicht erlauben, dass ich einen festen Freund hätte oder allein in die Disco ginge …

9 Textzusammenfassung: Ergänze die Sätze mit Informationen aus Text 1.

a Selda lebt seit …
b Wenn sie mit Mitschülern spricht, …

c Sie weiß nicht, ob sie sich als …
d Sie meint, dass die Kinder in Deutschland …
und dass türkische Eltern …

10 Diskutiert: Was sieht Selda positiv? Was sieht sie kritisch?

11 Lest nun Text 2 und sprecht über die Fotos. Was haben sie mit Kenan zu tun?

Text 2

Kenan Kaca grinst. Konflikte? Na ja, letzte
Woche hat es beim Mondorfer Strandfest
„Randale" gegeben. Sein Freund Munir hat
mit einem Mädel getanzt. Und das hat wohl
5 einigen deutschen Jungen nicht gepasst.
Eigentlich geht Kenan Ärger lieber aus dem
Weg. Vor 24 Jahren in Sieglar im Rheinland
geboren, spricht er perfektes Deutsch. Seine
Eltern kamen Anfang der 60er Jahre aus Bali-
10 kesir, einem Dorf zwischen Izmir und Istan-
bul. Der Vater hat als Bergmann gearbeitet bei
Dynamit Nobel in Troisdorf. Dort hat auch die

Mutter 20 Jahre gearbeitet. Sie hat es jetzt nicht
mehr ausgehalten in Deutschland, ist zurück
15 in die Türkei gegangen. Als fromme Muslimin
war es für sie nicht leicht in Deutschland. „Da
war es plötzlich leer im Haus", erinnert sich
Kenan. Der Vater ist hier geblieben. Zweimal
im Jahr macht er eine Urlaubsreise. Drei Jahre

wollte er noch bleiben, als er in Rente ging. 20
Und das sagt er heute immer noch. Der
Grund? Dass die Söhne, Kenan und sein älterer Bruder Cihat, hier leben, spielt sicher auch
eine Rolle.
Mit Deutschen hat Kenan wenig Kontakt. „Ich 25
hätte Angst, in Deutschland alt zu werden. In
der Türkei ist alles ganz anders." Aber es gibt
für ihn keinen Weg zurück. Dort ist er der
„Deutschländer". Nach der Berufsausbildung
als Dreher lebte er vier Monate im Dorf seiner 30
Eltern in der Türkei. In Deutschland war es
dann nicht leicht, wieder Anschluss zu finden.
In einem Punkt ist er sicher: „Ich wär' lieber
als Türke in der Türkei geboren – egal, ob arm
oder reich. Arm sein in einem armen Land ist 35
kein Problem, aber arm sein in Deutschland
ist schwer. In der Türkei wäre ich glücklicher
geworden. Hier hänge ich total zwischendrin."

12 Rätselglossar: Die Lösungen findest du im Text.

a Anderes Wort für großen Streit. b Drei Dörfer im Rheinland. c Die größte türkische Stadt.
d „Ich mag keinen Streit" heißt „Ich gehe ..." e Als ... arbeiten heißt unter der Erde arbeiten.
f Mit 65 Jahren hört man auf zu arbeiten, man geht ... g Für sie ist Religion sehr wichtig. Sie ist
eine fromme ... h ... heißt, dass man drei Jahre lang einen Beruf lernt.

13 Sammelt aus Text 2 Informationen über Kenan, seinen Vater, seine Mutter, seinen Bruder.

14 Im Text bleiben viele Fragen offen. Sammelt Fragen in der Klasse.

Wir wissen nicht, ob ...
Wir wissen nicht, warum ...

C Deutschland ohne Ausländer?

15 Dieses Plakat hing Anfang der neunziger Jahre in vielen deutschen Städten. Sprecht über das Plakat.

16 Wie würde das Plakat in eurem Land aussehen? Was kommt bei euch aus anderen Ländern? Produkte, Leute, Kultur, Sport?

17 Lies den Text und schreibe dann mit den Stichwörtern unten je einen Satz.

Viele Menschen wissen nicht, wie wichtig die Ausländer für Deutschland sind. Arbeitsmigranten aus Südeuropa und aus der Türkei haben nach dem 2. Weltkrieg geholfen, die deutsche Wirtschaft aufzubauen. Trotzdem machen Rechtsradikale die Ausländer in Deutschland und in vielen anderen Ländern verantwortlich für Probleme in der Gesellschaft: zum Beispiel Arbeitslosigkeit und Kriminalität.

In der ersten Hälfte der 90er Jahre kamen besonders viele Menschen aus dem Ausland nach Deutschland, Hunderttausende jedes Jahr: Deutsche aus der ehemaligen Sowjetunion und aus Rumänien, politische Flüchtlinge aus aller Welt. In dieser Zeit gab es in Deutschland immer wieder brutale Angriffe auf ausländische Bürger. Aber Millionen Deutsche haben auch gegen Rechtsradikale demonstriert.

wichtig · Wirtschaft · Probleme · Hunderttausende · Angriffe · demonstrieren

18 Höre und lies das Gedicht von Aras Ören. Der Autor spricht Berufe und Orte an, in denen viele Ausländer in Deutschland arbeiten. Mache eine Liste.

Die Dame im Café am Nachmittag
will Kaffee und Kuchen haben,
aber die Tassen sind nicht gewaschen,
die Serviererin ist nicht da.

5 Wo bleibt mein Essen, etwas exotisch,
gut gewürzt und mal was anderes.
Der „Dönerkebab"-Spieß dreht sich nicht,
auch der bunte Gemüseladen um die Ecke
hat seit Tagen dichtgemacht.

10 Der Patient wartet auf den netten Arzt umsonst,
der Alte im Krankenbett wird nicht gepflegt,
auch die Suppe in der Küche nicht gekocht.
Die Müllabfuhr funktioniert nicht ganz,
die U-Bahnhöfe stinken …

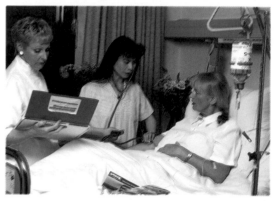

19 Zu welcher Zeile im Gedicht passen diese Aussagen?

1. In Krankenhäusern und in Altenwohn-
   heimen arbeiten besonders viele Auslän-
   derinnen als Krankenschwestern und Pfle-
   gerinnen.
2. Arbeitsplätze als „Müllarbeiter" bei der
   Stadtreinigung sind nicht besonders beliebt.
3. In Restaurants und Betrieben arbeiten
   ebenfalls viele Ausländer als Koch oder
   Köchin, Kellner oder Kellnerin. Diese
   Arbeiten sind oft schlecht bezahlt.
4. Türkische und griechische Restaurants gibt
   es praktisch in jeder deutschen Kleinstadt.
5. Türkische, spanische oder asiatische Lebens-
   mittelläden bieten viele Spezialitäten an.

20 Das Gedicht oben ist von Aras Ören. Es hat den Titel „Ein imaginärer Ausländer-Generalstreik in Berlin". Was wäre, wenn es in Deutschland keine Ausländer mehr gäbe? Schreibe ganze Sätze aus den folgenden Elementen.

Wenn es in Deutschland keine Ausländer mehr gäbe, …

… wäre Deutschland …	… nicht mehr so viel produzieren.
… hätte man …	… ärmer und nicht mehr so bunt.
… müssten die Deutschen …	… in der Stadt nicht mehr abgeholt.
… könnte die Industrie …	… weniger interessante Restaurants.
… würde der Müll …	… ihre Straßen selbst sauber machen.

D Was wäre, wenn ...? – Konjunktiv II im Satz

21 Vergleiche die Sätze und die Verbformen in der linken und in der rechten Spalte.

Realität (Indikativ)

1. Ich habe keine Zeit. Ich kann nicht mit ins Kino gehen.
2. Ich habe kein Geld. Ich muss in den Ferien arbeiten.
3. Ich bin erst 16. Ich darf in Deutschland noch nicht Auto fahren.
4. Ich weiß die Antwort nicht. Ich kann sie dir nicht sagen.

keine Realität (Konjunktiv II)

1. Wenn ich Zeit hätte, könnte ich mit ins Kino gehen.
2. Wenn ich Geld hätte, müsste ich in den Ferien nicht arbeiten.
3. Wenn ich 18 wäre, dürfte ich in Deutschland Auto fahren.
4. Wenn ich die Antwort wüsste, würde ich sie dir sagen.

22 Wie funktionieren die Sätze aus Aufgabe 21 in deiner Sprache? Was ist ähnlich? Was ist anders?

23 Diese Verben kennst du schon im Konjunktiv II. Mache eine Tabelle und ergänze sie mit den neuen Verben aus den Aufgaben 20 und 21.

	können	müssen	sollen	werden
ich	könnte	müsste		

24 Lies die beiden Regeln zum Konjunktiv II.

1. Alle Verben haben Konjunktiv-II-Formen (*müssen – müsste, haben – hätte, wissen – wüsste ...*). Man verwendet diese Konjunktivformen aber nur bei den Modalverben, Hilfsverben und wenigen anderen Verben (z.B. *wissen – wüsste, geben – gäbe*).

2. Bei allen anderen Verben hast du es leichter: Konjunktiv II = würde + Infinitiv

Ordne die Beispiele a–e den Regeln zu.

a Wenn ich nicht arbeiten müsste, könnte ich dich besuchen.
b Wenn ich reich wäre, gäbe es für mich keine Probleme mehr.
c Wenn ich Zeit hätte, würde ich dir helfen.
d Ich wüsste gern, ob ich den Test bestanden habe.
e Am liebsten würde ich in den Ferien nach Italien fahren.

25 Der Teufelskreis – Verwende die passenden Verbformen.

a Wenn ich mehr … würde, hätte ich bessere Noten. **b** Wenn ich bessere Noten hätte, … meine Eltern zufriedener. **c** Wenn meine Eltern zufriedener wären, würden sie mir mehr Taschengeld … . **d** Wenn ich mehr Taschengeld …, könnte ich jeden Tag ins Kino gehen. **e** Wenn ich jeden Tag ins Kino gehen…, hätte ich keine Zeit für die Hausaufgaben. **f** Wenn ich keine Zeit für die Hausaufgaben …, hätte ich schlechtere Noten. Und das ist die Realität!!!

26 Ergänze zuerst die Konjunktivformen der Verben in der rechten Spalte. Schreibe dann ganze Sätze.

Wenn wir jetzt Ferien … ⓐ,
Wenn mich meine Freundin besuchen … ⓑ,
Wenn es nicht so kalt … ⓒ,
Wenn der Test nicht so schwer … ⓓ,
Wenn es nicht schneien … ⓔ,
Wenn du besser Deutsch sprechen … ⓕ,
Wenn es hier einen Tennisplatz … ⓖ,

① k… du nach Deutschland fahren.
② w… wir schwimmen gehen.
③ k… wir zusammen Tee trinken.
④ w… ich jeden Tag trainieren.
⑤ w… ich schneller fertig.
⑥ k… niemand Ski fahren.
⑦ h… wir keine Schule.

27 *Aber wenn … – Ergänze die Sätze.*

a Harald treibt keinen Sport, weil er keine Zeit hat. Aber wenn …
b Inge macht nie die Hausaufgaben. Ihre Leistungen sind schlecht. Aber wenn …
c Klaus hat kein Geld. Er hat auch kein Fahrrad. Aber wenn …
d Unsere Sportlehrerin ist schon sehr alt. Sie geht nicht in die Disco. Aber wenn sie …
e Patrick kann nicht gut singen. Er ist kein Popstar. Aber wenn er …
f Elke und Meike sind krank. Sie werden nicht zu ihrer Freundin fahren. Aber wenn sie …

28 Probleme und Ratschläge – Arbeitet zu zweit, ordnet zu und lest die Dialoge vor.

ⓐ So ein Mist. Ich finde schon wieder meinen Tennisschläger nicht.
ⓑ Ich habe schon seit einem Monat Halsschmerzen.
ⓒ Ich bin immer müde und kaputt.
ⓓ Heute Nacht hat jemand mein Fahrrad geklaut.
ⓔ Meine Jeans sind schon wieder zu eng.
ⓕ …

① Arzt gehen
② Polizei gehen
③ mehr Sport treiben
④ weniger Schokolade essen
⑤ Zimmer aufräumen
⑥ …

29 Viele Menschen träumen von einem Lottogewinn. Was würdest du mit sechs Millionen Mark machen?

Wenn ich sechs Millionen Mark gewinnen würde …

E Der Konjunktiv II und die Höflichkeit

30 Wenn man besonders höflich sein möchte,
verwendet man auch den Konjunktiv II.
Lest die Sätze. In welche Situation passen sie?
Wer? Wo?

1. Ich hätte gerne das Steak.
2. Könntest du mir mal deine Kamera leihen?
3. An deiner Stelle würde ich ins Bett gehen.
4. Würden Sie mir bitte über die Straße helfen?
5. Ich würde das nicht so direkt sagen.
6. Dürfte ich mal Ihr Telefon benutzen?

 31 Meinungen über Unterricht: Was sollten Lehrer und Schüler mehr/weniger tun?
Höre die Kassette und mache Notizen.

32 Ergänze die Satzanfänge mit deinen Notizen.

a Die Schüler müssten … · **b** Unserer Lehrerin müsste … · **c** Die Schüler sollten … ·
d Es wäre schön … · **e** Die Lehrerin würde …

33 Und ihr? Was sagt eure Lehrerin? Und was sagt ihr?

34 Der „antike" Konjunktiv II. In älteren und literarischen Texten findet man öfter Verben im
Konjunktiv II ohne die *würde*-Form. Im Gedicht findest du fünf „antike" Konjunktiv-II-Formen.
Wie heißen die Verben im Infinitiv?

35 Nachdenken über Sprache: Gibt es auch in eurer Sprache „antike" Formen, die man heute nur
noch selten hört oder liest?

1 Zukunftsprognosen

Der österreichische Zeichner Manfred Deix hat eine Prognose aus der Zeitung illustriert. Sieh die Karikatur an und schreibe selbst eine Prognose. Lies dann die Zeitungsnotiz und vergleiche.

Inside image: **Menschen-vision: Zahn- und haarlos**

Ein ziemlich merkwürdiges Bild zeichnet der US-Wissenschaftler David Marshall vom Menschen der Zukunft: Da wir unsere Zähne und Haare nicht mehr benötigen, werden unsere Nachfahren möglicherweise kaum noch Beißwerkzeuge und fast keine Haare mehr haben. Außerdem werden die Menschen der Zukunft etwas kleiner werden. Dafür entwickeln sich laut Marshall unsere Nase und unser Kinn besser. Die Zukunftsmenschen werden dadurch zu stärkerer Mimik fähig sein.
KURIER, 9. JULI 81

2 Was wird in 10 Jahren sein? – Kannst du aus diesen Schlagzeilen Sätze machen?

In 10 Jahren: Keine Autos mehr in den Städten

Im Jahre 2030: Palmen in Alaska

In 30 Jahren: Keine Lehrer, nur Computer

5555: Keine Kriege mehr auf der Welt

2060: Kein Sport mehr – Computer machen alles

In 50 Jahren: Keine Grenzen mehr

3 Diskutiert: Was ist realistisch?

4 Hellsehen – Schreibe drei Prognosen
für einen Partner / eine Partnerin in der Klasse.

   1. Schule
   2. Liebe
   3. Ferien / Freizeit / Geld / …

5 Wunschträume – So fangen oft Wünsche und Träume an. Schreibe die Sätze weiter.

a Wenn ich nur mehr Zeit hätte, …
b Wenn ich im Lotto gewinnen würde, …
c Wenn ich jetzt vier Wochen Ferien hätte, …
d Wenn ich eine Party machen könnte, …

e Wenn ich nur besser Deutsch könnte, …
f Wenn ich ein neues Fahrrad hätte, …
g Wenn ich jünger / älter wäre, …
h Wenn ich Gitarre spielen könnte, …

6 Landschaftsbild: Heidelberg am Neckar

a **Ordne die Wörter zu:** der Berg · der Fluss · die Stadt · das Schloss · die Brücke · der Wald · das Gebirge · das Ufer · die Kirche

b **Sammelt Strukturen und Wörter für eine Bildbeschreibung an der Tafel.**

im Vordergrund :				
im Hintergrund :				

William Turner: Heidelberg mit einem Regenbogen, um 1841, National Gallery of Scotland, Edinburgh

7 Eine Kunststudentin hat das Bild beschrieben. Höre die Beschreibung und folge mit den Augen. Hat sie etwas vergessen?

8 Wählt eine Aufgabe aus: 1. Beschreibe das Bild von Heidelberg in einem kurzen Text.
2. Bringt Bilder mit in die Klasse und beschreibt ein anderes Bild.
3. Beschreibt eure Stadt / euren Ort / die Landschaft.

9 Landschaften sind ein beliebtes Thema in Volksliedern in vielen Ländern. Welche Lieder über Landschaften kennst du in deiner Sprache? Was beschreiben sie?

10 Du hörst den Anfang von drei Volksliedern. Welche Wörter erkennst du?

11 Sternzeichen – Wie heißt dein Sternzeichen auf Deutsch? Welches Sternzeichen ist dein Nachbar?

12 Viele Menschen auf der Welt glauben, dass die Zukunft in den Sternen steht. Deshalb lesen sie Horoskope. Glaubst du an Horoskope?

13 Lies dein Horoskop und das Horoskop von deinem Nachbarn. Was könnte stimmen?

HOROSKOP

 STEINBOCK 22. 12.–20. 1.

Heute ist ein besonderer Tag für dich. Alles, was du anfängst, wird ein gutes Ende finden. Aber vergiss nicht, dass nichts von alleine geht. Du musst schon etwas mithelfen! Sei in Zukunft etwas fleißiger!

 WASSERMANN 21. 1.–19. 2.

Lass dir heute nicht den Kopf verdrehen. Es ist noch zu früh. Für die wahre Liebe muss man sich einfach mehr Zeit lassen. Lenke deine Energie auf wichtigere Dinge: die nächste Mathearbeit zum Beispiel. Du wirst sehen, es lohnt sich!

 FISCHE 20. 2.–20. 3.

Setze endlich deine rosarote Brille ab und sieh der Realität ins Auge. Du musst aufhören zu träumen und endlich anfangen, deine Ziele mit viel Energie zu verfolgen. Ein Gespräch mit einem guten Freund kann dir helfen.

 WIDDER 21. 3.–20. 4.

Hast du die Nase voll von dem vielen Stress? Gönn dir ein wenig Entspannung und Ruhe, das brauchst du jetzt. Danach sieht die Welt gleich wieder rosiger aus. Wie wär's z.B. heute abend mit einem Kinobesuch?

 STIER 21. 4.–20. 5.

Du hast im Moment eine Krise, aber du bist selbst dafür verantwortlich. Du solltest mit deinen Wünschen etwas mehr auf dem Teppich bleiben, dann wirst du auch nicht so schnell enttäuscht. Ein Tipp: Mehr zuhören, weniger reden!

 ZWILLINGE 21. 5.–21. 6.

Zerbrich dir nicht den Kopf über die Probleme der anderen. Du musst auch mal wieder an dich denken. Vergiss deine guten Eigenschaften

 KREBS 22. 6.–22. 7.

Dein Chaos ist der Grund für deine Probleme. Bring deine Papiere, dein Zimmer und vor allem deine Gedanken in Ordnung, und es wird dir wieder besser gehen.

 LÖWE 23. 7.–23. 8.

Du bist ein Risikotyp und manchmal geht das schief. Setze heute nicht alles auf eine Karte, sondern warte, bis deine Sterne besser stehen. Morgen ist auch noch ein Tag.

 JUNGFRAU 24. 8.–23. 9.

Du bist oft zu ungeduldig. Alles muss immer schnell gehen. Man darf aber nicht immer alles übers Knie brechen. Nimm dir mehr Zeit für deine Arbeit und für deine Freunde!

 WAAGE 24. 9.–23. 10.

Heute ist nicht dein Tag. Aber lass den Kopf nicht hängen. Es kommen auch wieder Glückstage für dich. Fang heute am besten nichts Neues an.

 SKORPION 24. 10.–22. 11.

Eigentlich ist bei dir alles in Ordnung. Aber du musst auch halten, was du versprichst, dann bekommst du weniger Ärger. Also, nimm den Mund in Zukunft nicht mehr zu voll!

 SCHÜTZE 23. 11.–21. 12.

Du glaubst, dass niemand dich gern hat, aber du bist auf dem Holzweg. Mache deine Augen auf! Viele Menschen mögen dich und deine Qualitäten. Du musst es nur sehen und glauben.

14 In Horoskopen findet man viele Sprachbilder. Ordne „Bilder" und Bedeutungen zu.

1 die Nase voll haben
2 sich den Kopf zerbrechen
3 auf dem Teppich bleiben
4 alles auf eine Karte setzen
5 den Mund zu voll nehmen
6 etwas übers Knie brechen
7 auf dem Holzweg sein
8 den Kopf hängen lassen

a viel nachdenken
b traurig sein
c etwas Falsches denken, sich irren
d etwas zu schnell machen
e keine Lust mehr haben
f viel riskieren
g vernünftig bleiben
h zu viel versprechen

15 Ergänzt die Dialoge mit vier Redewendungen aus Aufgabe 14. Lest dann die Dialoge zu zweit.

Dialog 1
○ Hallo Anja, ich habe jetzt …! Seit zwei Stunden warte ich auf dich. Wo bleibst du?
● Jetzt bleib mal … . Du weißt genau, dass ich heute auf meine Schwester aufpassen muss. Meine Eltern sind noch nicht zurück. Ich komme auf jeden Fall!

Dialog 2
○ Jens ist wirklich ein großer Angeber. Der …!
● Da bist du aber … . Er hat mir gestern seine ganzen Computerspiele kopiert und bei den Hausaufgaben geholfen.

 16 Höre das Radiohoroskop. Achte besonders auf dein Sternzeichen und die neuen Informationen.

17 Geschichten zum Lesen und Schreiben.
Schau dir die Zeichnung an. Worum geht es in der Geschichte?

18 Lies die Geschichte.

Susanne Kilian
Aber manchmal …

Wenn Herr Teubner aus seinem Wohnzimmerfenster schaut, sieht er sie – die ewig gleiche Mauer. Bei Sonnenschein, bei Regen, bei Schnee, bei Tag, bei Nacht: eine eintönig langweilige Backsteinmauer. Wenn er weiter ins Zimmer zurückgeht und zum Fenster schaut, sieht es aus wie von außen zugemauert.
Aber manchmal, manchmal schaut Herr Teubner die Mauer an und denkt sich: „Man müsste Spiegel daran anbringen, riesige Spiegel vor die ganze Wand. Nicht gerade, so ein bisschen schräg nach oben, damit sich der Himmel darin spiegelt, blauer Himmel mit langsam ziehenden weißen Wolken. Ja, oder einfach ein Bild da an der Mauer, wäre noch besser. Vielleicht eine Meerlandschaft, unten der Sandstrand gelb, dann das Meer, blau, viele verschiedene Blautöne. Schiffe darauf und ein Sonnenuntergang dazu! Oder besser eine Gebirgslandschaft? Eigentlich hätte ich lieber Berge vor meinem Fenster. Erst grüne Almen unten, ein Tal mit einem kleinen Dorf. Dann Berge, Berge mit Gipfeln voll Schnee. Man müsste die Bilder auswechseln können, je nach Stimmung. Oder doch Spiegel? Nachts würde sich der Sternenhimmel darin spiegeln. Man könnte …"

Susanne Kilian wurde 1940 in Berlin geboren. Sie lebt in Wiesbaden und schreibt Bücher für Kinder und Jugendliche.

19 Was siehst du, wenn du aus deinem Fenster schaust? Was würdest du gerne sehen?
Schreibe einen Text nach dem Modell von „Aber manchmal".

Eine Kurzgeschichte

1   So beginnt die Geschichte. Lies zuerst die Zusammenfassung der ersten drei Abschnitte.

Heinz ist fast 14 und cool. Er fühlt sich sehr stark. Nächstes Jahr will er sich ein Moped kaufen. Dann wird er mit der blonden Monika spazieren fahren. Sein Problem sind seine Pickel im Gesicht. Ein guter Schüler ist er nicht. Mittags isst er manchmal in einem billigen Restaurant. Viel Geld hat er nämlich auch nicht. Heute will er eine Suppe essen.

2   Lies den ersten Absatz. Welche Kleidung trägt Heinz heute? Warum isst er heute keinen Hamburger? Warum isst er nur eine billige Gemüsesuppe?

Spaghetti für zwei
von Federica de Cesco

Heinz war bald vierzehn und fühlte sich sehr cool. In der Klasse und auf dem Fußballplatz hatte er das Sagen. Aber richtig schön würde das Leben erst werden, wenn er im nächsten Jahr sein Moped bekäme und den Mädchen zeigen könnte, was für ein Kerl er ist. Er mochte Monika, die Blonde mit den langen Haa-
5   ren aus der Parallelklasse, und ärgerte sich über seine Pickel.
Im Unterricht machte er nie mit. Die Lehrer sollten bloß nicht auf den Gedanken kommen, daß er sich anstrengte.
Mittags konnte er nicht nach Hause, weil der eine Bus zu früh, der andere zu spät abfuhr. So aß er im Selbstbedienungsrestaurant, gleich gegenüber der Schule. Aber
10   an manchen Tagen sparte er lieber das Geld und holte sich einen Hamburger am Kiosk. Samstags kaufte er sich dann eine neue Kassette, was die Mutter natürlich nicht wissen durfte. Doch manchmal – so wie heute – hing ihm der Big Mac zum Hals heraus. Er hatte Lust auf ein richtiges Essen. Einen Kaugummi im Mund, stapfte er mit seinen Cowboy-Stiefeln die Treppe zum Restaurant hinauf. Die
15   Reißverschlüsse seiner Lederjacke klimperten bei jedem Schritt. Im Restaurant trafen sich Arbeiter aus der nahen Möbelfabrik, Schüler und Hausfrauen mit Ein-kaufstaschen und kleinen Kindern, die riesige Mengen Cola tranken und Pommes frites aßen.
Viel Geld wollte Heinz nicht ausgeben; er sparte es lieber für die nächste Kassette.
20   „Italienische Gemüsesuppe" stand auf der Speisekarte. Warum nicht? Heinz nahm ein Tablett und stellte sich an. Eine schwitzende Frau schöpfte die Suppe aus einem Topf. Heinz nickte zufrieden. Der Teller war richtig voll. Eine Scheibe Brot dazu, und er würde bestimmt satt werden.
Er setzte sich an einen freien Tisch, nahm den Kaugummi aus dem Mund und
25   klebte ihn unter den Stuhl. Da merkte er, dass er den Löffel vergessen hatte. Heinz stand auf und holte sich einen. Als er zu seinem Tisch zurückkam, konnte er nicht glauben, was er sah: Ein Schwarzer saß an seinem Platz und aß ganz ruhig seine Gemüsesuppe!

3   Hast du verstanden, was passiert ist? Heinz kommt mit seinem Löffel zurück, und da sitzt ein Afrikaner und isst die Gemüsesuppe von Heinz. Was würdest du machen?

einz stand mit seinem Löffel da, bis ihn die Wut packte. Zum Teufel mit
30 diesen Asylbewerbern! Der kam irgendwo aus Uagadugu, wollte sich in der
Schweiz breit machen und jetzt fiel ihm nichts Besseres ein, als ausgerechnet
seine Gemüsesuppe zu verzehren! Schon möglich, dass man das in Afrika machen
konnte, aber hier war das eine bodenlose Unverschämtheit! Heinz öffnete den
Mund, um dem Menschen laut seine Meinung zu sagen, als ihm auffiel, dass die
35 Leute ihn komisch ansahen. Heinz wurde rot. Er wollte kein Rassist sein. Aber
was nun?

4 Hast du das gelesen?

1. Heinz glaubt, dass das ein Asylbewerber ist.
2. Er glaubt, dass das Verhalten in Afrika vielleicht ganz normal ist.
3. Er findet das alles unmöglich.
4. Heinz will zuerst laut protestieren.
5. Heinz hat Angst, dass die Leute denken, er ist gegen Ausländer.

5 Wie geht die Geschichte weiter? Lies den nächsten Abschnitt. Was hast du verstanden? Fasse den Abschnitt zusammen.

einz ging zu dem Tisch. Er hustete deutlich, zog einen Stuhl zurück und
setzte sich dem Schwarzen gegenüber. Dieser hob den Kopf, blickte ihn kurz
an und schlürfte ruhig die Suppe weiter. Heinz presste die Zähne zusammen, dass
40 seine Kinnbacken wehtaten. Dann packte er den Löffel, beugte sich über den
Tisch und tauchte ihn in die Suppe. Der Schwarze hob wieder den Kopf. Sekun-
denlang starrten sie sich an. Heinz bemühte sich, die Augen nicht zu senken. Er
führte mit leicht zitternder Hand den Löffel zum Mund und tauchte ihn zum
zweiten Mal in die Suppe. Der Schwarze sah ihn lange an. Dann aß er weiter. Die
45 Minuten vergingen. Beide teilten sich die Suppe, ohne ein Wort.

6 Heinz denkt nach und fragt sich, warum der Afrikaner das macht. Welche Gründe fallen dir ein?

Heinz versuchte nachzudenken. „Vielleicht hat der Mensch kein Geld, muss schon tagelang hungern. Dann sah er die Suppe da stehen, und er nahm sie sich einfach. Schon möglich, wer weiß? Vielleicht würde ich mit leerem Magen ähnlich reagieren? Und Deutsch kann er anscheinend auch nicht, sonst würde er da nicht sitzen wie ein stummer Klotz. Ist doch peinlich. Ich an seiner Stelle würde mich schämen. Ob Schwarze wohl rot werden können?"

50

7 Heinz ist unsicher. Wie steht das im Text? Beschreibe den Afrikaner. Was tut er jetzt?

Als der Afrikaner den Löffel in den leeren Teller legte, schaute Heinz ihn an. Der Schwarze hatte sich zurückgelehnt und sah ihn auch an. Heinz konnte seinen Blick nicht verstehen. Er war verwirrt und lehnte sich ebenfalls zurück. Er hatte Schweißtropfen auf seiner Stirn, die Lederjacke war verdammt heiß! Er sah den Schwarzen an: „Junger Kerl. Etwas älter als ich. Vielleicht sechzehn oder – sogar schon achtzehn. Normal angezogen: Jeans, Pulli, Windjacke. Sieht eigentlich gar nicht so arm aus. Immerhin, der hat meine halbe Suppe aufgegessen und sagt nicht einmal danke! Verdammt, ich habe noch Hunger!" Der Schwarze stand auf. Heinz blieb der Mund offen. „Haut der tatsächlich ab? Jetzt reicht es aber! So eine Frechheit! Der soll mir wenigstens die halbe Gemüsesuppe bezahlen!" Heinz wollte gerade aufspringen, da sah er, wie sich der Schwarze mit einem Tablett in der Hand wieder anstellte. Heinz fiel auf seinen Stuhl zurück. „Also doch: Der Mensch hat Geld! Aber denkt der vielleicht, dass ich ihm den zweiten Gang auch noch bezahle?" Heinz griff hastig nach seiner Schultasche. „Bloß schnell weg von hier!"
Aber dann ließ Heinz die Mappe los und kratzte nervös an einem Pickel. Irgendwie wollte er wissen, wie es weiterging.
Der Schwarze hatte einen Teller Spaghetti bestellt. Jetzt stand er vor der Kasse, und – tatsächlich – er bezahlte! „Verrückt! Das ist total verrückt", dachte Heinz.

55

60

65

8 Der Afrikaner hat einen Teller Spaghetti gekauft und kommt zum Tisch zurück. Was passiert jetzt?

Da kam der Schwarze zurück. Er trug das Tablett, auf dem ein großer Teller Spaghetti stand, mit Tomatensauce, vier Fleischbällchen und zwei Gabeln. Immer noch stumm, setzte er sich Heinz gegenüber, schob den Teller in die Mitte des Tisches, nahm eine Gabel und begann zu essen, wobei er Heinz ruhig in die Augen schaute. Die Augen von Heinz begannen zu zucken. Dieser Typ forderte ihn tatsächlich auf, die Spaghetti mit ihm zu teilen! Heinz schwitzte noch mehr. Was nun? Sollte er essen? Nicht essen? Seine Gedanken waren ein Chaos. Wenn der Mensch doch wenigstens reden würde! „Na gut. Er hat die Hälfte meiner Suppe gegessen, jetzt esse ich die Hälfte seiner Spaghetti, dann sind wir quitt!" Wütend griff Heinz nach der Gabel, rollte die Spaghetti auf und steckte sie in den Mund.

70

75

80

85

Schweigen. Beide aßen die Spaghetti. „Eigentlich nett von ihm, daß er mir eine Gabel gebracht hat", dachte Heinz. „Aber was soll ich jetzt sagen? Danke? Es ist einfach blöd. Jetzt kann ich ihm auch keinen Vorwurf mehr machen. Vielleicht hat

90 er gar nicht gemerkt, dass es meine Suppe war. Oder vielleicht ist es in Afrika normal, sich das Essen zu teilen? Schmecken gut, die Spaghetti. Das Fleisch auch. Wenn ich nur nicht so schwitzen würde!" Die Portion war sehr groß. Bald hatte Heinz keinen Hunger mehr. Der Schwarze war auch satt. Er legte die Gabel aufs Tablett und putzte sich mit der Papierserviette den Mund ab. Heinz fühlte sich un-

95 sicher. Der Schwarze lehnte sich zurück, schob die Daumen in die Jeanstaschen und sah ihn ruhig an. Heinz wurde immer nervöser: „Lieber Gott, wenn ich nur wüsste, was er denkt!"

9 Hat sich die Meinung von Heinz über den Afrikaner geändert? Finde die Stellen im Text.

10 Der nächste Abschnitt ist sehr wichtig für die Geschichte. Warum?

Unsicher schaute Heinz sich um. Plötzlich bekam er einen Schock. Auf dem Nebentisch, an den sich bisher niemand gesetzt hatte, stand – einsam auf

100 dem Tablett – ein Teller kalter Gemüsesuppe.

11 Und wie geht die Geschichte jetzt weiter? Prognosen:

– Heinz rennt aus dem Lokal.   – Heinz gibt dem Afrikaner seine Suppe.

– Heinz isst jetzt seine Suppe.   – Er schämt sich und entschuldigt sich.

Heinz erlebte den peinlichsten Augenblick seines Lebens. Am liebsten hätte er sich in einem Mauseloch versteckt. Erst nach langen zehn Sekunden hatte er den Mut, dem Schwarzen ins Gesicht zu sehen. Der saß da, völlig entspannt und cool und schaukelte leicht mit dem Stuhl hin und her. „Äh", stammelte Heinz,

105 feuerrot im Gesicht. „Entschuldigen Sie bitte. Ich ..."
Er sah die Augen des Schwarzen aufblitzen, sah den Humor in seinem Gesicht. Auf einmal warf er den Kopf zurück und begann laut zu lachen. Zuerst kam von Heinz nur ein unsicheres Glucksen, aber dann machte er bei dem Gelächter des Afrikaners mit. Eine Weile saßen sie da, lachten beide wie verrückt. Dann stand

110 der Schwarze auf, schlug Heinz auf die Schulter. „Ich heiße Marcel", sagte er in perfektem Deutsch. „Ich esse jeden Tag hier. Sehe ich dich morgen wieder? Um die gleiche Zeit?"
Heinz hatte Tränen in den Augen vor Lachen, er war erschöpft, und er schnappte nach Luft. „In Ordnung!", keuchte er. „Aber dann spendiere ich die Spaghetti!"

Federica de Cesco (*1938) arbeitet als Schriftstellerin und lebt abwechselnd in der Schweiz und in Japan. (Bearbeitet in Absprache mit der Autorin.)

12 Die Geschichte berichtet von den Gefühlen von Heinz. Suche die Stellen im Text: Wann ist er böse? Unsicher? Wann schämt er sich? Wann freut er sich? Wann wird er rot?

13 Ist dir auch schon mal ein Missverständnis passiert? Wie soll man reagieren, wenn die Situation unklar ist?

14 Hier findest du Ausdrücke, um Gefühle zu äußern. Höre die Kassette und übe die Intonation.

Das tut mir leid! · Ich bin sauer. · Das ist eine Unverschämtheit! · Das ist mir aber peinlich. · Das ist eine Frechheit! · Ich schäme mich. · Das lasse ich mir nicht gefallen! · Das ist ja noch mal gut gegangen. · Da haben wir aber Glück gehabt. · Ich finde das sehr traurig.

15 Arbeitet zu zweit. Sucht euch einen Satz aus und schreibt einen Dialog, in dem der Satz vorkommt.

A Leute mit Beruf – Leute ohne Beruf

1 Eine Zeichnung – viele Berufe. Welche erkennt ihr?
Wie heißen die Berufe bei euch?

Arzt/Ärztin
Autor/in
Bankkaufmann/frau
Bauer/Bäuerin
Baufacharbeiter/in
Bürokaufmann/frau
Controller/in
Elektriker/in
Friseur/in
Gärtner/in
Großhandelskaufmann/frau
Hausmeister/in
Ingenieur/in
Journalist/in
Krankengymnast/in
Künstler/in
Landwirt/in
Lehrer/in
Mechaniker/in
Metzger/in
Pfarrer/in
Pianist/in
Politiker/in
Professor/in
Programmierer/in
Sänger/in
Schauspieler/in
Soldat/in
Sozialarbeiter/in
Taxifahrer/in
Tierpfleger/in
Umweltberater/in
Verkäufer/in
Zahnarzt/ärztin

2 Höre die Berufe von der Kassette, schreibe sie auf und markiere
die Wortakzente.

3 Mit welchen Berufen habt ihr in den letzten Wochen Kontakt
gehabt? Sammelt in der Klasse.

4 Macht eine Tabelle mit sechs Berufen. Findet Verben und Nomen,
die dazugehören. Ihr könnt ein Wörterbuch benutzen.

Beruf	Was tun sie?	Wo arbeiten sie?
Metzger	Wurst machen verkaufen	im Schlachthof in der Metzgerei

Rhythmus der Noten in e-m Lied ≈ Taktmaß
Metz·ger *der*; *-s, -*; *bes südd* Ⓐ ⓒⓗ ein Mann, der
beruflich Tiere schlachtet, Fleisch u. Wurst ver-
kauft ≈ Fleischer || *hierzu* **Metz·ge·rin** *die*; *-, -nen*
Metz·ge·rei *die*; *-, -en*; *bes südd* Ⓐ ⓒⓗ ein Geschäft,
in dem man Fleisch u. Wurst kaufen kann ≈ Flei-
scherei

ten, schreiben ⟨billiger J.⟩ || -K: **Sensations-**
Jour·na·list [ʒʊr-] *der*; *-en, -en*; j-d, der Berichte *usw*
für Zeitungen, Fernsehen od. Rundfunk macht: Als
Star wird er ständig von Journalisten verfolgt || -K:
Fernseh-, Rundfunk-, Sport-, Wirtschafts- || *hierzu*
der **Journalist**; *den, dem, des Journalisten** ||
Jour·na·li·stin *die*; *-, -nen*
Jour·na·li·stik [ʒʊr-] *die*; *-; nur Sg*; die Wissenschaft

in den Computer geben ⟨e-n Rechner, e-n Compu-
ter p.⟩ || -K: **Programmier-, -sprache** || *hierzu*
Pro·gram·mie·rung *die*
Pro·gram·mie·rer *der*; *-s, -*; j-d, der beruflich Pro-
gramme für Computer schreibt || *hierzu* **Pro·gram·**
mie·re·rin *die*; *-, -nen*
Pro·gres·si·on [-'sjoːn] *die*; *-, -en*; **1** ein System, nach
dem man immer mehr Prozent seines Einkommens

5 Verbindet Wörter aus der Tabelle in Aufgabe 4 zu Sätzen.

Metzger arbeiten in der Metzgerei oder im Schlachthof.
Sie machen Wurst und verkaufen Fleisch.

6 Berufe raten.

7 Jugendarbeitslosigkeit – Statistik des Jahres 1995. Lies den Text und die Statistik genau und mache dann Aufgabe 8.

In der Europäischen Union waren 1995 viele Jugendliche und junge Erwachsene arbeitslos. Am besten war die Situation noch in Dänemark, Deutschland, Luxemburg und in den Niederlanden. Dort waren weniger als 10% ohne Job. Die Situation der Jugendlichen in Südeuropa und in Finnland war schon schlimmer. In Italien war ein Drittel der Jugendlichen arbeitslos und in Spanien waren fast 40% der Männer und Frauen unter 25 ohne Arbeitsplatz.

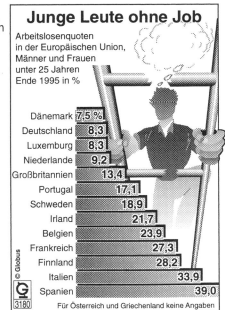

Junge Leute ohne Job

Arbeitslosenquoten in der Europäischen Union, Männer und Frauen unter 25 Jahren Ende 1995 in %

Dänemark	7,5 %
Deutschland	8,3
Luxemburg	8,3
Niederlande	9,2
Großbritannien	13,4
Portugal	17,1
Schweden	18,9
Irland	21,7
Belgien	23,9
Frankreich	27,3
Finnland	28,2
Italien	33,9
Spanien	39,0

© Globus
3180
Für Österreich und Griechenland keine Angaben

8 Alles verstanden? Ergänze die Sätze und schreibe den Text ins Heft.

a In Deutschland waren ... % der Jugendlichen arbeitslos.
b In Deutschland und ... war die Zahl der Jugendlichen ohne Job gleich hoch.
c In Italien waren 33,9% ... ohne Arbeit.
d In Frankreich war die Zahl der arbeitslosen Jugendlichen ... als in Deutschland.
e 21% ... in Finnland hatten keine Arbeit.
f In Spanien ...

9 Die Sprache der Statistik. Was ist typisch? Sieh noch einmal auf Seite 22 nach.

10 Wie ist die Situation heute bei euch? Sucht eine neuere Statistik für euer Land.

B Nomen verbinden – das Genitivattribut

11 Du kennst Nominativ, Akkusativ und Dativ. Der Genitiv ist neu. Er kommt vor allem in schriftlichen Texten vor. Er verbindet zwei Nomen. Das zweite Nomen gibt eine Information zum ersten Nomen.

der Papagei   Was für ein Papagei?   Der Papagei der alten Frau.

12 Wie gibt man diese Information in deiner Sprache?

Beispiel Englisch: *The old lady's parrot.*

13 Sieh dir die Collage an und ordne die Titel der Tabelle zu.

der	das	die
das Gedicht + der Autor das Gedicht des Autors	die Statistik + das Jahr 1997 die Statistik des Jahres 1997	der Direktor + die Schule der Direktor der Schule

Lerntipp ▷ **der** und **das** wird **des**, **die** wird **der** – es ist nicht schwer.

14 Der Genitiv zwischen zwei Nomen. Erkennst du das System?

der	das	die
der Roman des bekannten Autors das Fahrrad meines Bruders die gute Note eines Schülers	die Statistik des letzten Jahres das Ende ihres Buches der Preis eines neuen Fahrrads	das Ende der großen Ferien der schöne Garten unserer Eltern die Party einer guten Freundin **Plural:** die Gedichte der Autoren mehr als 50% aller Deutschen der Preis neuer CDs

GR **15** **Arbeite mit der Tabelle und ergänze die Sätze. Eine Übersicht über das Genitivattribut findest du im Arbeitsbuch in der „Systematischen Grammatik".**

a Ich suche den Namen e… Tiers mit vier Buchstaben. Es fängt mit „E" an. **b** Alle freuen sich auf den Beginn … Ferien. **c** Mehr als 90% … Deutschen essen jeden Tag Brot. **d** Die Melodie kommt mir bekannt vor. Ich glaube, das ist die Melodie e… alten Volksliedes. **e** So ein Mist! Ich habe den Geburtstag m… Mutter vergessen. **f** Vor dem Kauf e… Fahrrads sollte man die Preise vergleichen.

16 **Ein Quiz: Verbinde die Nomen und beantworte die Fragen mit einem ganzen Satz.**

a Wie heißt die Hauptstadt … Schweiz? **b** Wie war der Name … Hundes von Daniel? **c** Kennst du den Namen … höchsten Berges … Alpen? **d** Wie ist der Name … größten deutschen Stadt? **e** Wie ist der Name …. längsten Flusses in Österreich? **f** Wie heißt die Hauptstadt … Tschechischen Republik?

Die Hauptstadt der Schweiz heißt …

17 **Das Genitiv-s verbindet Namen und Nomen. Verwende das „s" in den folgenden Sätzen.**

Beispiel: die Symphonien von Mozart – Mozarts Symphonien

a Die Romane von Thomas Mann sind nicht leicht zu lesen. **b** Der Apfelkuchen von Tante Erna schmeckt am besten. **c** Die Strände von Italien sind ein beliebtes Ziel für deutsche Touristen. **d** Die Flüsse in Deutschland sind sauberer als vor 10 Jahren. **e** Die Filme von Steven Spielberg sind auf der ganzen Welt bekannt.

C Praktika und Ausbildung

18 **Lies den Text. Gibt es bei euch auch Praktika?**

In Deutschland machen viele Schüler der Klassen 8 oder 9 ein Betriebspraktikum. Sie gehen vier Wochen in einen Betrieb, in einen Laden, eine Werkstatt, ein Büro oder an einen anderen Arbeitsplatz und arbeiten dort. Das Praktikum, das sie im Unterricht vorbereitet haben, beschreiben sie später in einem Arbeitsheft. Wir haben mit drei Schülern gesprochen, die über ihre Erfahrungen berichten.

Betriebspraktikum

Hilfen und Ratschläge
für Schüler
Arbeitsheft

19 **Sieh dir die Fotos von Daniel und Fabian an und überfliege die Texte auf Seite 42 oben. Welches Foto zeigt wen?**

Daniel:
Mechaniker in einer Kfz-Werkstatt

Kfz-Mechaniker war schon immer ein Beruf, für den sich Daniel interessierte. Autos, Motoren, Basteln, das ist sein Hobby. Also schickte er seine Bewerbung und seinen Lebenslauf an eine Autowerkstatt. Am Anfang des Praktikums gefiel ihm, dass er nicht in die Schule musste. In der Werkstatt war jeder Tag anders. Die Kollegen, die dort arbeiteten, waren nett. Schon am ersten Tag hat er bei einem Auto den Auspuff abgeschraubt. Nach zwei Wochen steht in seinem Praktikumsbericht:
– Überprüfung der Bremsen
– Zündkerzen auswechseln
– Hof kehren
– Aufräumen der Werkstatt und des Büros
– Halle putzen
– Einstellen einer Handbremse
– Reparatur eines Reifens
Mechaniker ist nach vier Wochen dennoch kein Traumberuf mehr für ihn. Die Arbeit, die er machen musste, war oft schmutzig und anstrengend, manchmal auch langweilig.

Fabian:
Medizinisch-technischer Assistent im Krankenhaus

Fabian hat sein Praktikum als „MTA" gemacht. Sein Vater kannte einen Arzt, der ihm half, den Praktikumsplatz im Labor des Stadtkrankenhauses zu finden. Er musste dort Proben analysieren, die die Ärzte aus dem Krankenhaus brachten. Zum Beispiel musste man Blutproben unter dem Mikroskop betrachten, um festzustellen, ob bestimmte Bakterien enthalten waren. Sicherheit war sehr wichtig. Er musste Handschuhe tragen, um sich nicht zu infizieren.
Fabian hat die Arbeit trotzdem viel Spaß gemacht. Er hat sich schon immer für diesen Beruf interessiert und könnte sich vorstellen, auch später als MTA zu arbeiten.

20   Zitieren: Wer war das? Wie steht das im Text? Lies vor.

    a   … hat sich immer für den Mechanikerberuf interessiert.
    b   … musste auch Arbeiten machen, die langweilig waren.
    c   … hat auch einen Reifen repariert und eine Handbremse eingestellt.
    d   … hat noch den gleichen Berufswunsch wie vor dem Praktikum.
    e   … musste Handschuhe tragen.
    f   … hat Spaß an Laborarbeiten.
    g   …

 21   Höre die Kassette und notiere noch je zwei neue Informationen über Daniel und Fabian.

22   Renja hat ihr Praktikum in einem Kindergarten gemacht.
Höre das Interview und berichte mithilfe der Stichwörter.

Kindergruppen · basteln · wandern · Spielzeug ·
Puppenecke · Berufswunsch

23   Was würdet ihr gerne machen?

    – Ich könnte mir vorstellen, als … zu arbeiten.
    – Es würde mir Spaß machen, ein Praktikum als …
      zu machen.

D Relativsätze sind relativ einfach

24 Hier lernst du eine neue Form von Nebensätzen kennen. Wiederhole zuerst: Was ist wichtig bei Nebensätzen? Welche Regel kennst du?

25 Relativsätze geben weitere Informationen zum Nomen im Hauptsatz.
Mit Relativsätzen kann man Informationen in einem Satz verbinden.

	1. Information	2. Information
Zwei Sätze:	Fredo ist ein Hund. Ich habe ein Moped gekauft.	Er frisst gern Sportschuhe. Es ist erst drei Monate alt.
Ein Satz mit Relativsatz:	Fredo ist ein Hund, Ich habe ein Moped gekauft,	der gern Sportschuhe frisst. das erst drei Monate alt ist.

26 Relativsätze können auch in der Mitte des Satzes stehen. Lies das Beispiel.

Meine Kollegin ist nett.   Sie arbeitet in der Werkstatt.
Meine **Kollegin**,   **die** in der Werkstatt arbeitet,   ist nett.

GR **27** Bis jetzt waren alle Beispiele im Nominativ. Lies die Beispielsätze a–l und mache eine Tabelle im Heft, wie im Beispiel vorgegeben. Kontrolliere mit der „Systematischen Grammatik" im Arbeitsbuch.

	Nominativ	Akkusativ	Dativ	Genitiv
	der das die	der das die	den	
	die (Plural)			

a Der Film, den mein Freund und ich gestern gesehen haben, war echt langweilig.
b Das Kind, dem ich den Luftballon geschenkt habe, freut sich.
c Die Leute im Konzert, deren Plätze am teuersten waren, waren danach sehr enttäuscht.
d Die Uhr, die ich mir gekauft habe, war zwar billig, aber sie ist auch schon kaputt.
e Florian, dem das Praktikum im Krankenhaus Spaß gemacht hat, will später Medizinisch-technischer Assistent werden.
f Die Frau, deren Mann sie zwei Jahre gesucht hatte, lebte in Mexiko.
g Meine Schwester, der ich immer bei den Hausaufgaben helfen musste, studiert heute Medizin.
h Das Fahrrad, das mir meine Eltern geschenkt haben, war ziemlich teuer.
i Die Jungen, denen wir nach den letzten Ferien geschrieben haben, haben nicht geantwortet.
j Der Mann, dessen altes Auto wir gekauft haben, hat sich riesig gefreut.
k Das Bild, dessen Maler unbekannt ist, stammt aus dem 17. Jahrhundert.
l Der Kassettenrekorder, den ich am Anfang so toll fand, war nach zwei Monaten kaputt.

GR **28** Relativsätze können auch mit einer Ortsangabe oder einer Präposition anfangen.

a Der Strand, **wo** wir letztes Jahr im Urlaub gezeltet haben, ist jetzt ein Privatstrand.
b Das Mädchen, **neben** dem ich in der Schule gesessen habe, geht jetzt auf eine andere Schule.
c Der Lehrer, **über** dessen Witze wir immer gelacht haben, ist jetzt Schulleiter.

29 Welche Beispiele für Relativsätze findest du in den Texten über Daniel und Fabian auf Seite 42? Ordne sie zu: Was ist Nominativ, Akkusativ, Dativ oder Genitiv?

30 Ein Spiel: Berufe raten. Kennt ihr die Berufe? Wer ist am schnellsten?

1. Ein Beruf, der viel mit Technik zu tun hat.
2. Ein Beruf, den Computerfans mögen.
3. Ein Beruf, mit dem man viel Geld verdient.
4. Berufe, die es noch nicht lange gibt.

5. Ein Beruf, bei dem man mit Kindern arbeitet.
6. Zwei Berufe, bei denen man viel auf Reisen ist.
7. Ein Beruf, in dem man früh aufstehen muss.
8. Ein Beruf, den es nur auf dem Land gibt.

31 Sätze ergänzen und ausbauen

a Mein Bruder, der in der Schule immer geschlafen hat, ist heute …
b In dem kleinen Ort, in … wir letztes Jahr Urlaub gemacht haben, gab es eine tolle Disko.
c Das Haus, das meine Eltern gekauft haben, …
d Der Kassettenrekorder, … ich gern kaufen würde, …
e Die Leute, … (Sie hatten die teuersten Karten) saßen in der ersten Reihe.
f Taxifahrer ist ein Beruf, … (Man braucht ein Auto für den Beruf).
g Den Roman, … (Ich habe ihn meiner Freundin geschenkt) habe ich zuerst selbst …
h Das Praktikum, …(Ich habe mich auf das Praktikum gefreut), war leider zu schnell vorbei.
i Die Frau, … (Ich hatte ihre Handtasche gefunden), gab mir 20 Mark.

32 Hier ist eine Geschichte, die du mit Relativsätzen etwas ausbauen kannst. Verwende die Informationen auf der rechten Seite.

Die Geschichte

> **Der Trick**
>
> Der Mann stand an der Autobahn. Er wollte nach München, aber kein Auto hielt. Es fing an, stark zu regnen. Da hatte der Mann eine gute Idee. Er schrieb auf ein Stück Pappe „Hamburg" und hielt die Pappe hoch. Bald hielt ein Auto an. Der freundliche Fahrer sagte: „Junger Mann, Sie stehen auf der falschen Seite. Hier geht es nach München!" „Ich weiß", sagte der Mann, „aber es hat mich niemand mitgenommen. Ich habe gedacht, wenn ich ein Schild halte, hält jemand an, um mich auf meinen Fehler aufmerksam zu machen." Der Fahrer lachte und sagte: „Steigen Sie ein."

Die Zusatzinformationen

– Er hatte eine alte, grüne Jacke an.
– Seine Eltern wohnten in München.
– Er hatte jetzt schon zwei Stunden gewartet.
– Er hatte das Stück Pappe neben der Straße gefunden.
– Er öffnete das Fenster.
– Er war froh, dass jemand angehalten hatte.
– Auf dem Schild steht „Hamburg".
– Ihm gefiel die Idee.

E Sich selbständig machen

33 Den folgenden Artikel haben wir in der Zeitschrift des Arbeitsamtes gefunden. „Sich selbständig machen" heißt, einen eigenen Betrieb gründen. Seht euch die Fotos an. Was könnt ihr in der Muttersprache über den Beruf sagen? Was könnt ihr auf Deutsch sagen?

34 Steht das im Text? Wenn ja – in welcher Zeile?
- **a** Es war schon immer Semas Traum, sich selbständig zu machen.
- **b** Sema und ihre Angestellten haben keine Zeit für Überstunden.
- **c** Man muss Kunden helfen, die ein besonderes Problem haben, auch wenn der Terminplan voll ist.
- **d** Ihre Ausbildung, die sie mit funf Kolleginnen gemacht hat, hat drei Jahre gedauert.

IM EIGENEN FRISEURSALON

Sema ist Friseurmeisterin. Vor eineinhalb Jahren hat sie sich selbständig gemacht. Ihr Frisiersalon heißt „Coiffeur Sema". Sie ist mit ihren 26 Jahren jetzt Chefin und hat zwei Angestellte. „Chefin bin ich deshalb, weil ich für alles verantwortlich bin", lacht sie. „Wir sind zusammen ein gutes Team, meine Mitarbeiterinnen sollen möglichst frei arbeiten können." Sema möchte ein freundschaftliches Verhältnis untereinander haben, aber sie muss auch durchgreifen können. Denn sie muss dafür sorgen, dass das Geschäft läuft. Sema erzählt: „Es gibt zum Beispiel immer wieder Gründe, Kunden noch in einen vollen Terminplan einzuschieben: Jemand hat einen wichtigen Termin und ist in den Regen gekommen oder bei den Hochzeitsvorbereitungen wurde an alles gedacht – nur nicht an den Friseurtermin vor der Trauung." Dann bleibt für Sema und ihre Angestellten nichts anderes übrig, als Überstunden zu machen.

Was es heißt, eine eigene Existenz aufzubauen, kennt Sema seit ihrer Kindheit. Ihre Eltern haben ein kleines Bistro. „Mir war klar, was auf mich zukommt", erzählt sie selbstbewusst. Mit zwölf Jahren kam sie mit ihren Eltern nach Deutschland. „Ich wollte Friseurin werden – und mein Traum war immer ein eigenes Geschäft." Und das hieß für sie schon damals, eigene Ideen zu verwirklichen, selbst bestimmen was zu tun ist, aber auch für Mitarbeiter zu sorgen. „Das Schülerbetriebspraktikum in einem Friseurbetrieb hat mir sehr gut gefallen", erinnert sie sich. „Ich habe mir damals schon vorgenommen, mich bald um eine Ausbildungsstelle zu bemühen." – Ihre Ausbildung hat Sema nach ihrem Hauptschulabschluss mit fünf weiteren Auszubildenden gemacht. „Die Ausbildung zur Friseurin ist nicht leicht", erzählt sie. „Lange stehen Routinearbeiten wie waschen, fönen oder Dauerwelle legen im Vordergrund. So richtig am Kunden schneiden darf man erst nach drei Jahren. Außerdem muss man ziemlich viel stehen."

35 Wie wird das im Text gesagt? Finde die passenden Ausdrücke.

a Einen eigenen Betrieb gründen: 1 …, 2 … . **b** Sie organisiert die Arbeit und hat viele Kunden. **c** Mit Kunden einen Termin machen, obwohl der Kalender schon voll ist. **d** Man hat keine Wahl und muss mehr als acht Stunden am Tag arbeiten. **e** Sema hat vorher gewusst, was es heißt, selbständig zu sein. **f** Arbeiten, die man sehr oft macht.

36 Beruf Friseurin: Sammelt Wörter zu den Fotos und aus dem Text. Arbeitet mit dem Wörterbuch.

37 Was heißt „selbständig sein"? Notiere Wörter und Formulierungen aus dem Text.

A Aktivferien

1 Schau dir die Abbildungen an. Was fällt dir zum Begriff „Aktivferien" ein?

2 Lies den Text bis Zeile 14. Was sind die Ziele des Landdienstes?

Landdienst – eine gute Idee

Möchtest du deine Ferien einmal anders verbringen? Neue
Erfahrungen machen und dazu noch etwas Taschengeld ver-
dienen? Dann sind Aktivferien auf einem Bauernhof eine tolle
Möglichkeit dafür: Power beim Bauer.

5 Jedes Jahr nehmen etwa 2500 Jugendliche am freiwilligen
Landdienst in der Schweiz teil. Die Landdienst-Vereinigung
organisiert und fördert seit 1946 kurzfristige Arbeitseinsätze
von Jugendlichen auf dem Bauernhof. Damit will die Organi-
sation die Kontakte zwischen Stadt und Land, zwischen ver-
10 schiedenen Sprachregionen erleichtern. Die Förderung der
internationalen Verständigung ist ein weiteres Ziel. Deshalb
steht der Landdienst nicht nur Schweizern offen. Auch Jugendliche anderer Länder haben die Möglichkeit, ein bis zu zwei
Monate langes Praktikum zu machen.

15 Eine Zeit lang auf einem Bauernhof zu verbringen bedeutet,
neben der Heugabel auch einmal den Putzlappen in die Hand
zu nehmen. Der Landwirt erklärt die Arbeiten auf dem Feld,
im Stall oder im Wald. Die Jugendlichen lernen dabei, wie man
Holz hackt, Kühe melkt und die Tiere füttert. Man hilft der
20 Bäuerin beim Ernten von Früchten und Gemüse und packt im
Haushalt mit an: Das Putzen, Kochen, Waschen, Bügeln und
die Kinderbetreuung gehören dort zum Alltag.
Landdienst bedeutet: gemeinsam arbeiten, Selbständigkeit
erfahren und „den Kopf auslüften".
25 Negatives? Eigentlich nichts, nur ... man muss mit den
Hühnern aufstehen!

Bedingungen
Einsatzdauer: Mindestens 3 Wo., 2 Wo. für Jugendliche aus der Schweiz.
Mindestalter: 17-jährig, 14-jährig für Jugendliche aus der Schweiz.
Arbeits- und Freizeit: Sonn- und Feiertage sind arbeitsfrei.
Die wöchentliche Arbeitszeit beträgt maximal 48 Stunden.
Taggeld: Neben freier Unterkunft und Verpflegung während des ganzen
Aufenthaltes bezahlen der Bauer oder die Bäuerin je Arbeitstag:
– mindestens Fr. 12.- für 14- und 15-jährige
– mindestens Fr. 16.- für 16-jährige
– mindestens Fr. 20.- für 17-jährige und Ältere.
Weitere Informationen: Landdienst-Zentralstelle, Mühlegasse 13, Postfach 728,
CH-8025 Zürich – Tel. 0041-1-2614488

3 Lest den Text ab Zeile 15. Schreibt die Tätigkeiten heraus, die es auf dem Bauernhof gibt.
Fragt in der Klasse: Wer hat schon einmal so etwas Ähnliches gemacht?

4 Kannst du die Informationen zum „Landdienst" kurz zusammenfassen? Dein Text kann so anfangen:

In der Schweiz können Jugendliche in den Ferien ...

5 Tiere auf dem Land: Welche Tiere gibt es bei euch auf dem Land?

6 Ein Gedicht von Ernst Jandl: „auf dem land"

Ihr hört ein Gedicht von Ernst Jandl. Lest zuerst die Liste der Tiere.
Welche Tiere aus der Liste kommen in Jandls Gedicht vor?

Tiere
Affe
Biene
Elefant
Ente
Fisch
Frosch
Gans
Grille
Hahn
Hummel
Hund
Kater
Katze
Kuh
Löwe
Pferd
Pinguin
Rind
Schwein
Storch
Vogel
Ziege

Laute
bellen
brüllen
brummen
grunzen
krähen
meckern
miauen
muhen
quaken
schnattern
schnurren
summen
trompeten
wiehern
zwitschern

7 Hört euch das Gedicht noch einmal an. Macht im Heft eine Liste mit den Tieren und den Tierlauten. Achtung: Manche Laute in der Liste gehören zu Tieren, die Jandl nicht erwähnt, zu manchen Tieren gibt es keine Laute.

8 Könnt ihr noch eine weitere Strophe zu Jandls Gedicht schreiben?

9 Könnt ihr ein ähnliches Gedicht schreiben mit dem Titel „in der stadt"?

B Verben als Nomen

10 Verben als Nomen. In dem Text auf Seite 46 findest du Verben, die als Nomen gebraucht werden. Mache eine Liste. Was ist das System?

das Ernten, das ...

11 Sätze mit Verben als Nomen. Schreibe die Sätze so um, dass die Nomen wieder als Verben benutzt werden.

a Das Arbeiten in einem fremden Land hilft, eine andere Kultur zu verstehen.
b Das frühe Aufstehen am Morgen fällt den meisten Jugendlichen schwer.
c Das Füttern der Tiere ist für viele Jugendliche aus der Stadt eine neue Erfahrung.
d Das Putzen, Waschen und Bügeln mögen die meisten nicht sehr gerne.
e Beim Lernen einer fremden Sprache ist es gut, wenn man oft mit „Muttersprachlern" Kontakt hat.
f Das Kochen macht den Jugendlichen Spaß, denn es bedeutet das Kennenlernen neuer Rezepte.

a) In einem fremden Land zu arbeiten ...
Wenn man in einem fremden Land arbeitet, ...

C Haben Sie noch ein Zimmer frei?

12 Seht euch die Zeichnung an. Wo sind die Leute? Worüber sprechen sie?

13 Die Zeichnung zeigt typische Touristensituationen im Hotel. Wie kann man sich darauf vorbereiten? Macht zwei Listen in eurer Sprache: wichtige Wörter und wichtige Sätze.

14 Hört und lest den Dialog und vergleicht danach mit eurer Liste.

○ Guten Tag, haben Sie noch ein Zimmer für drei Personen?
● Ja, Moment. Wir hätten da noch ein Doppelzimmer mit Dusche und WC. Wir können Ihnen ein drittes Bett aufbauen. Wie lange möchten Sie bleiben?
○ Nur für eine Nacht.
● Das wäre dann die Nummer 31.
○ Was kostet das Zimmer denn?
● 125 DM.
○ Ist das mit Frühstück?
● Selbstverständlich. Wir haben ein Frühstücksbuffet im 1. Stock.
○ Gut, das nehmen wir.
● Den Schlüssel kann ich Ihnen aber erst in einer Stunde geben. Das Zimmer ist noch nicht frei.

15 Lest den Dialog laut. Übt die Intonation.

16 Deutsch im Hotel, am Ferienort, in der Bahn. Viele Touristen bereiten sich mit Sprachführern vor. Macht euch einen kleinen Sprachführer. Verwendet eure Liste aus Aufgabe 13, den Dialog und die Ausdrücke unten.

Einzelzimmer · Bad · mit/ohne · Fernseher · Nächte · ruhig · Gepäck · Kreditkarte · Rechnung · Halbpension · Vollpension · preiswert · Klimaanlage · reservieren · …

Unterkunft

Hotel und Pension

Wie komme ich zum Hotel …?	Jak się dostanę do hotelu …?	jak ßje d chotc'lu
Für mich ist hier ein Zimmer reserviert worden.	Dla mnie zamówiono tu pokój.	dla'_mnje no_tu po'
Kann ich das Zimmer jetzt sehen?	Czy mogę obejrzeć ten pokój teraz?	tschy_mo ten po'ku,
Es ist sehr schön.	Bardzo ładny.	ba'rdso ła
Können Sie mir ein anderes Zimmer zeigen?	Czy pan(i) może pokazać mi inny pokój?	tschy_pa' poka'sat' po'kuj

17 In den Aufgaben 12–16 habt ihr euch auf eine Situation im Hotel vorbereitet. Hier sind andere Situationen. In welchen habt ihr keine Probleme? Welche müsst ihr vorbereiten? Arbeitet zuerst zu zweit und diskutiert danach in der Klasse.

1. Am Bahnhof
2. Im Restaurant
3. Beim Einkaufen
4. Auf der Post
5. In der Touristeninformation
6. …

18 Teilt die Klasse in Gruppen. Jede Gruppe sucht eine Situation aus, schreibt einen Dialog und spielt ihn vor.

 19 Ein Dialog in Tirol (Österreich). Hört den Dialog. Wo spielt die Szene? Worum geht es? Schreibt die Sätze 1. und 2. zu Ende.

Die Dialoge zwischen Herrn Karl und Herrn Jürgen sind von der Tourismuswerbung des österreichischen Bundeslandes Tirol aufgenommen worden. Es gibt ein Sprachproblem: Herr Jürgen ist ein Tourist aus Berlin. Herr Karl ist der Besitzer eines Hotels in Tirol.

1. „Die Eier sind fertig" bedeutet in Tirol …   2. „Die Eier sind fertig" bedeutet in Deutschland …

 20 Ein Satz, fünf Dialekte – Könnt ihr die Unterschiede beschreiben?

21 Gibt es in eurem Land Dialekte? Versteht ihr sie? Sprecht ihr sie?

D Sonne, Strand und Schnitzel – Ferien auf Deutsch

22 Diese Fotos sind nicht aus Deutschland. Woran kann man das erkennen?

23 Alwin berichtet hier über seine Urlaubserfahrungen. Lies den Text und finde heraus: Warum fährt er gerne nach Gran Canaria?

Ich fliege mit meinen Eltern seit vielen Jahren im Winter und im Sommer auf die Kanarischen Inseln. Wir haben in Playa del Ingles eine Ferienwohnung. Viele andere Deutsche auch. Ich finde Gran Canaria super. Da scheint das ganze Jahr die Sonne, der Strand ist toll und man kann überall Deutsch sprechen. Spanisch braucht man überhaupt nicht. Das ist für mich sehr wichtig. Auch sonst ist alles wie zu Hause. In Playa gibt es viele deutsche Cafés, Restaurants und auch deutsche Geschäfte. Hier kann ich die gleichen Dinge wie zu Hause essen. Und meistens kosten sie nur die Hälfte. Wenn ich nicht viel Hunger habe, kann ich mich für 280 Peseten satt essen, das sind ungefähr 3 DM. Frikadellen, Gänsebraten mit Rotkraut, es gibt einfach alles.

In den Discos sind die DJs meistens aus Deutschland und die Bands auch. Am liebsten gehe ich ins Westfalia. Da kenne ich die meisten Leute. Wenn ich mal keine Lust habe auszugehen, kann ich fernsehen. Es gibt acht Sender auf Deutsch und natürlich auch jede Menge deutsche Zeitungen. Beim Fernsehen darf ich nur nicht vergessen, dass auf Gran Canaria die Sendungen eine Stunde früher beginnen, wegen der Zeitverschiebung.

24 Was ist für ihn genau wie in Deutschland, was ist anders?

25 Wir haben anderen Jugendlichen Alwins Text gezeigt. Hört ihre Reaktionen. Stimmt ihr zu? Was ist eure Meinung?

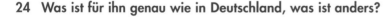

26 Auf Gran Canaria kann man diese deutschsprachigen Sender empfangen. Und bei euch?

27 Warum reisen Leute ins Ausland?

28 Die Perspektive wechseln. Schreibe einen Brief. Du kannst so anfangen:

> Liebe(r) ...
> Jetzt bin ich schon drei Wochen in ... Hier ist es
> genauso wie / ganz anders als ... Es gibt (kein) ...

E   Questo è arabo

29 Lisa Ferrari ist Italienerin. Sie studiert Deutsch und Englisch. In den Ferien war sie in Jordanien.
Auf der Kassette erzählt sie von ihrer Reise. Betrachte die Bilder und höre den Text.
Was hat sie gemacht? Was ist anders als bei Alwin?

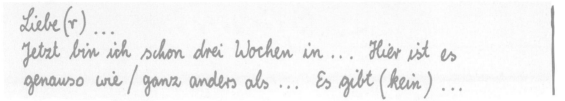

30 Fremde Texte, fremde Zeichen. Hier sind Textbeispiele, die Lisa mitgebracht hat. Kannst du sagen,
worum es sich handelt und woran du das erkennst?

31 Hast du ähnliche Beispiele für Texte in anderen Sprachen zu Hause? Bring sie mit.
Hast du ähnliche Erfahrungen gemacht?

32 *Questo è arabo*, sagt Lisa. Das heißt auf Deutsch: „Das ist Arabisch." Die Deutschen sagen statt
dessen „Ich verstehe nur Bahnhof!". Wie sagt man bei euch?

33 Missverständnisse. Wer weiß, wie man sich in Frankreich begrüßt?
Lest die Geschichte. Was ist passiert?

Vor einigen Monaten machte unsere Klasse eine Reise nach Frankreich. Wir waren In Gastfamilien untergebracht und eines Tages stellte mich mein Gastgeber seiner Freundin vor. Ich sagte ihr, dass ich Ulrich heiße – wie ich bereits festgestellt hatte – ein für Franzosen schwer aussprechbarer Name.

Sie wollte mich, wie es in Frankreich üblich ist, zur Begrüßung auf die Wange küssen und hielt mir ihren Kopf entgegen. Ich dachte jedoch, sie hätte mich nicht verstanden, und brüllte deshalb in voller Lautstärke: „ULLL-RIIICH!" in ihr Ohr. Sie zuckte zurück, ihren schmerzverzerrten Gesichtsausdruck werde ich nie vergessen.

Young Miss, 2/96

 34 Eine ausländische Studentin erzählt über ein Missverständnis in Deutschland. Kennt ihr auch ähnliche Geschichten?

35 Seht euch die Fotos an. Was bedeuten die Gesten?

a Du bist verrückt! **b** Das hab' ich total vergessen. **c** Das hat prima geschmeckt. **d** …

①

②

③

④

36 Mit den Händen sprechen: Welche Gesten müssen Ausländer bei euch kennen?
Mache eine Geste – die anderen raten.

37 Diskutiert in der Klasse: Was kann man tun, wenn man etwas nicht versteht?

F Grammatik: *worauf – darauf, auf wen, …; um … zu*

GR 38 Fragen mit *wo-* und Antworten mit *da-*: Wofür stehen *darauf* und *darüber*?

○ Was machst du?
● Ich bereite mich auf den Test vor.
○ Darauf brauche ich mich nicht mehr vorzubereiten. Das habe ich gestern gemacht.

○ Ich suche ein Geschenk für Tina.
● Wofür interessiert sie sich?
○ Für Musik, für Bücher …
● Schenk ihr doch eine CD von den „Prinzen".
○ Du meinst, darüber würde sie sich freuen?

○ Weißt du, worauf ich mich freue? Auf das Wochenende.
● Das verstehe ich, ich freu' mich auch darauf. Wir machen eine Fahrradtour, und du?
○ Wir bleiben zu Hause im Garten.

Sachen	Personen
Woran denkst du gerade?	**An wen** denkst du gerade?
Womit willst du dein Fahrrad bezahlen?	**Mit wem** fährst du in die Ferien?
Wofür willst du so viel Taschengeld?	**Für wen** backst du den Kuchen?

Lerntipp Verben immer mit den Präpositionen lernen.

GR 39 Fragen nach Zweck und Grund – Antworten: *Warum? Um … zu.*
Ordne zu. Es gibt mehrere Möglichkeiten.

Warum fahren viele Leute ans Meer?
Warum machen Jugendliche ein Praktikum?
Wozu lernen viele Menschen Deutsch?
Aus welchem Grund gehen viele Leute zum Fußball?
Wozu fahren viele Touristen im Winter in die Berge?
Warum haben viele Leute einen Hund?

Um nicht allein zu sein.
Um die Sonne zu genießen.
Um einen Beruf kennen zu lernen.
Um Ski zu fahren.
Um sich zu entspannen.
…

40 **Schreibe die Sätze ins Heft, wie im Beispiel vorgegeben.**

a) Viele Leute fahren ans Meer, um die … zu …

A Erfindungen, die die Welt (nicht) braucht

1 Sieh dir zuerst die Fotos an. Was kann man mit den Erfindungen machen?

Wer kennt sie nicht – die kleinen Probleme des Alltags. Die Mitglieder der japanischen Chindogu-Gesellschaft (der Name bedeutet etwa: nützliches, aber unbrauchbares Werkzeug) haben einfache Lösungen für schwierige Probleme gefunden. Alle Geräte funktionieren, werden nur als Einzelstück gebaut und sind unverkäuflich.

Der Butterstift

Problem: Für ein einziges Butterbrot ein Messer schmutzig machen? Nicht nötig: Mit dem Butterstift werden die Messer geschont. Wie bei einem Lippenstift wird die Menge Butter rausgedreht, die man braucht, und auf der Brotscheibe verteilt. Funktioniert am besten, wenn der Butterstift gut gekühlt wird.

Die Ohrring-Auffangschale

Problem: Man kann wertvolle Ohrringe leicht verlieren. Mit dieser sinnvollen Erfindung wird das verhindert: Die Schale wird einfach auf die Schulter gesteckt. Wenn der Ohrring fällt, wird er von einem feinen Netz aufgefangen.

Der Dosenhalter für die Westentasche

Problem: Was soll man im Flugzeug oder im Auto mit einer geöffneten Getränkedose machen? Durch diese praktische Erfindung wird die Dose an die Jackentasche gesteckt. Man hat die beiden Hände frei und kann trotzdem immer trinken.

Der Zebrastreifen zum Ausrollen

Problem: Nervöse und hektische Autofahrer bremsen nicht für Fußgänger. Mit dem tragbaren Zebrastreifen ist das kein Problem mehr: Er wird einfach auf die Straße gelegt und man kann gefahrlos und stressfrei auf die andere Seite gehen. Danach kann man den Zebrastreifen wieder mitnehmen.

 2 Schreibt aus jedem Text fünf Stichwörter und erklärt euch gegenseitig die Geräte.
Auf der Kassette findest du zwei Beispiele.

Beispiel: Es funktioniert wie ein Lippenstift. Man dreht eine bestimmte Menge Butter raus und verteilt sie auf dem Brot.

3 Das Erfinden mit *sowieso* üben: Seht euch die Zeichnungen auf Seite 54 und 55 an.
Welche Erfindungen sind aus diesen Situationen entstanden? Das Silbenrätsel hilft.

SON STREICH SCHI
LAM NE
BRIL HÖL
NEN
SCHREIB KAN
MOS
LE
SCHEN TA
ZER
FÖHN THER
NE MA PE

4 **Wozu braucht man das? –** *Um ... zu ...*
Ordne den Wortschatz den Erfindungen in Aufgabe 3 zu und schreibe dann Sätze wie im Beispiel.

Augen/schützen vor · Feuer machen · schneller und besser schreiben · Haare schnell trocknen ·
im Dunkeln sehen · Getränke heiß oder kalt halten

Die Sonnenbrille braucht man, um die Augen vor der Sonne zu schützen.

5 **Was müsste man noch erfinden? Finde noch andere Beispiele.**

Man müsste einen Test erfinden, den jeder lösen kann.

Man müsste eine Lehrerin erfinden, die ...

B Schokolade – eine gute Erfindung

Die Schweiz, aber auch Österreich und Deutschland sind bekannt und berühmt für ihre Schokolade
und die feinen Pralinen. Es gibt hunderte von Sorten.

6 **Sieh dir die Fotos an. Was isst du am liebsten? Was hast du schon einmal probiert?**
Was ist die beste Süßigkeit in deinem Land?

7 So wird Schokolade gemacht. Sieh dir die Bilder an und vergleiche sie mit der Beschreibung der Herstellung (a–f). Bringe die Sätze in die richtige Reihenfolge.

Rösten der Kakaobohnen   Zerkleinern der Bohnen   Mahlen der
                          Entfernen der Schalen   Kakaostückchen

Beimischen von   Verrühren
Milchpulver und Zucker

in Form gießen

a Die kleinen Stückchen werden nun noch einmal gemahlen und immer mehr zerkleinert, bis man eine flüssige Masse bekommt.

b Die Schokoladenmasse wird dann in eine Form gegossen.

c In der Schokoladenfabrik werden die Kakaobohnen zuerst bei 120 Grad geröstet.

d Danach zerkleinert man die gerösteten Bohnen und die harten Schalen werden entfernt.

e Jetzt werden Milchpulver, Zucker oder andere Zutaten beigemischt.

f Zum Schluss wird alles noch einige Tage verrührt, bis man eine ganz feine Masse hat.

8 Man findet oft Beschreibungen nur mit Verben im Infinitiv.

Ergänze die Verben.
1. Kakaobohnen zuerst bei 120 Grad …
2. Danach die gerösteten Bohnen … und die harten Schalen …
3. Die kleinen Stückchen noch einmal …
4. Jetzt Milchpulver, Zucker oder andere Zutaten …
5. Zum Schluss alles noch einige Tage …
6. Dann in eine Form …

C Passiv

GR 9 Wenn man beschreibt oder erzählt, wie etwas gemacht wird, dann verwendet man dabei oft das Passiv. Vergleiche die Formen der Sätze. Was verändert sich?

Diese Formen kennst du schon: Wer macht was? Persönlich: **Aktiv**	Diese Formen sind neu: Was wird gemacht? Unpersönlich: **Passiv**
Die Arbeiter rösten die Kakaobohnen. **Eine Maschine zerkleinert** die Bohnen. **Man gießt** die Masse in eine Form.	Die Kakaobohnen **werden geröstet.** Die Bohnen **werden zerkleinert.** Die Masse **wird** in eine Form **gegossen.**

10 Kannst du die Regel formulieren? Vergleiche noch einmal die Sätze im Aktiv und im Passiv. Was verändert sich im Satz?

> **Regel** ▷ | Passiv: Eine Form von … + ….

11 Arbeitet zu zweit. Versucht, nur mit den Bildern die Herstellung von Schokolade zu beschreiben. A beginnt, dann B usw.

Zuerst werden… *Dann …*

12 Wenn man im Passiv auch sagen will, wer etwas gemacht hat, dann braucht man *von* + Dativ. Kannst du die Lücken in Satz b ergänzen?

a Die Kakaobohnen werden **von einer Maschine** zerkleinert.
b Ostereier werden nicht … den Osterhasen, sondern … Hühnern gelegt.

13 Was macht man? Was wird gemacht? Lies den Text und höre die Kassette. Wie findest du den Schluss?

14 Schreibt zu zweit einen ähnlichen Text. Hier sind einige Anregungen:

In der Schule
Test/schreiben – Texte/korrigieren – Noten/vorlesen – Bücher/aufschlagen – Sätze/schreiben – Lehrer(in)/begrüßen – Jungen/ärgern

Vor der Schule

Zähne putzen
Haare waschen
Kaffee trinken
Müsli essen
Kleider anziehen
die Schultasche packen
den Bus …
…

GR ⟨ **15** Passiv Präteritum – Lies den Text und ergänze die Regel.

> **Regel** ▷
>
> | Passiv Präteritum:
> | … + …

Dieses Motorrad von Gottlieb Daimler wurde 1885 in Deutschland gebaut und ist der Urgroßvater aller heutigen Autos. Von dem 250-ccm-Motor wurden 0,5 PS produziert und das Fahrzeug fuhr 12,5 km in der Stunde.

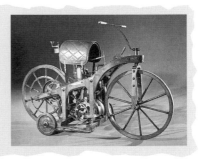

GR ⟨ **16** Passiv Perfekt – Vergleiche die Minidialoge. Wie wird das Passiv Perfekt gebildet?

○ In dem Text habe ich noch Fehler gefunden.
● Das verstehe ich nicht. Er ist schon dreimal korrigiert worden.

○ Wie geht es deiner Mutter?
● Besser. Sie ist vorgestern operiert worden.

○ Wo ist denn dein Fahrrad?
● Das weißt du nicht? Es ist vor zwei Wochen gestohlen worden.

○ Wie war die Reise? Hat alles geklappt?
● Ja, wir sind pünktlich um 8 Uhr abgeholt worden.

> **Regel** ▷ | Passiv Perfekt: … + Partizip + …

17 Lest die Dialoge mit verteilten Rollen vor und übt die Intonation. Hört zur Kontrolle die Kassette.

18 Erfindungen international: Ordne die Erfindungen den Ländern zu.

Papier   Deutschland
Buchdruck   China
Fotoapparat Schweiz
Reißverschluss Frankreich
Kühlschrank

Das Papier wurde in ... erfunden.

19 Früher und heute – Früher wurde vieles anders gemacht. Lest zuerst die linke Spalte und bildet Hypothesen: Wie ist das heute? Vergleicht dann mit der rechten Spalte. Was passt zusammen?

Früher wurde viel mit dem Auto gefahren.   Heute haben die meisten eine Waschmaschine.
Früher wurde die Wäsche mit der Hand gewaschen.   Heute kaufen die Leute oft Tiefkühlkost.
Früher wurde viel frisches Gemüse gegessen.   Heute hat man elektrisches Licht.
Früher wurden die Zimmer mit Kerzen beleuchtet.   Heute fotografiert man.
Früher wurden noch viele Briefe geschrieben.   Heute fährt man wieder mehr Fahrrad.
Früher wurden noch viele Bilder gemalt.   Heute schreibt man vieles mit dem Computer.
Früher wurde alles mit der Hand geschrieben.   Heute telefonieren die Menschen meistens.

20 Könnt ihr noch mehr Beispiele für *früher* und *heute* finden? Fragt auch eure Eltern und Großeltern.

D Jugend forscht

21 Vor dem Lesen Hypothesen: Was erwartet ihr in einem Text mit dem Titel „Jugend forscht"? Sammelt Hypothesen in der Klasse.

22 Worüber informiert der Text auf Seite 59? Notiert im Heft, welche Stichwörter zum Text passen und die dazugehörige Zeile im Text.

   a Gründer des Wettbewerbs
   b Begründung des Wettbewerbs
   c Dauer des Wettbewerbs
   d Höhe der Preise
   e Zahl der Mädchen
   f Namen der Teilnehmer
   g Zahl der Teilnehmer
   h Alter der Teilnehmer
   i Namen der Länder
   j Zukunft der Teilnehmer

a, Henri Nannen

„Jugend forscht" – 30 Jahre und immer noch jung

Seit 1965 gibt es den Wettbewerb Jugend forscht. Die Idee kam von Henri Nannen, damals Herausgeber der Illustrierten STERN. Mehrere große Firmen waren spontan bereit, das Projekt finanziell zu fördern. Das Ziel war, Interesse für die Naturwissenschaften zu wecken und naturwissenschaftlichen Nachwuchs, also „junge Wissenschaftler", zu finden. 244 junge Leute im Alter von 16 bis 21 Jahren, darunter 20 Mädchen, waren beim ersten Wettbewerb im Frühjahr 1966 dabei mit Arbeiten zu selbstgewählten Themen in den Fachgebieten Biologie, Chemie, Mathematik und Physik.

Um den ganz jungen „Forschern" eine Teilnahme zu ermöglichen, erweiterte man 1969 den Wettbewerb durch die Sparte „Schüler experimentieren", in der Schülerinnen und Schüler unter 16 Jahren arbeiten konnten. Im Laufe der Zeit erhöhte sich auch die Zahl der Fachgebiete; Technik sowie Geo- und Raumwissenschaften kamen hinzu, Mathematik wurde durch Informatik ergänzt. 1975 führte man das Thema „Arbeitswelt" ein; seit 1980 gibt es einen Sonderpreis für Arbeiten aus dem Bereich Umwelt.

Heute ist „Jugend forscht" der größte Wettbewerb für den naturwissenschaftlichen Nachwuchs in ganz Europa; 60 000 Jugendliche haben mittlerweile teilgenommen. 1995 lag die Teilnehmerzahl bereits bei 4291 Jugendlichen zwischen 14 und 21 Jahren, davon über 30 Prozent Mädchen. Es lohnt sich übrigens auch finanziell, bei dem Wettbewerb mitzumachen: Jeder Gewinner erhält 3000 Mark.

23 Fragen zum Text stellen: Ergänzt die Fragen mit den Informationen aus dem Text. Tauscht eure Fragen aus. Wer findet die Antworten zuerst?

Seit wann ...?   Aus welchen Gebieten ...?   Wer hat ...?
Wer darf ...?   Wie viel ...?   Wie viele ...?

24 Schreibe zu jeder Zahl einen Satz. Suche die Informationen im Text.

21, 1965, 14, 60000, 30, 1980, ...

25 Diese Überschrift haben wir im „Internet" unter der Adresse von „Jugend forscht" gefunden. Diskutiert: Was ist da erfunden worden?

Ablage	Bearbeiten	Stil	Objekt	Seite	Ansicht

Lausch Maus – Die akustische Maus! Was brummt denn da?

26 Betrachtet das Foto und sammelt Beobachtungen und Vermutungen in der Klasse.

27 Lies nun den Text auf Seite 60. Welcher Titel passt am besten dazu?

a   Neue Computermaus für Behinderte
b   Eine Maus, die hören kann
c   Ein neuer Computer für Behinderte

Der Computer eröffnet Behinderten immer bessere Möglichkeiten, am Alltagsgeschehen teilzuhaben. Hans-Henning Gerhard hat sich mit dem Problem beschäftigt, wie auch Personen, deren Arme und Beine gelähmt 5 sind, den Computer bedienen können. Seine Idee: die akustisch steuerbare Maus. Seine Lauschmaus wandelt Summtöne in Maus-Befehle um. Damit lassen sich die meisten modernen Computerprogramme steuern.

Der Benutzer kann mit dem Gerät arbeiten wie mit 10 einer gewöhnlichen Maus. Aber es hat noch einen weiteren Vorteil: Mit einer bestimmten Tonfolge wird das gesamte Computersystem ein- und ausgeschaltet, so dass keine zusätzliche Hilfsperson benötigt wird. Die Frequenz der Summtöne kann jeder Benutzer selbst 15 bestimmen und im Gerät speichern.

28 Kannst du mit diesen Elementen den Text in einem Satz zusammenfassen?

geben können. / dem Computer Befehle / Computermaus erfunden, / und Arme nicht bewegen / mit der auch / Hans-Henning hat / können, mit ihrer Stimme / Menschen, die ihre Beine / eine neue / Der junge Erfinder

E Wer hat nur die Grammatik erfunden?

GR 29 Adjektivsuffixe: Adjektive kann man oft an ihren Endungen erkennen. Häufige Endungen sind z.B. -ig, -isch, -iv.

Erika ist traur**ig**.
Eine altmod**isch**e Bluse.
Ein aggress**iv**er Hund.

30 Suche diese Adjektive in den Texten auf Seite 54:

unbrauchbar · tragbar · sinnvoll · gefahrlos · stressfrei

31 Die Endungen -bar, -voll, -los, -frei, aber auch z.B. -arm, -reich helfen, die Bedeutung der Adjektive zu erkennen. Lest die folgenden Sätze. Was bedeuten die Adjektive?
Macht zu zweit eine Liste im Heft und ordnet die Erklärungen im Kasten den Endungen zu.

a Du musst mehr Obst essen! Obst ist sehr vitaminreich.
b Keine Angst, davon wirst du nicht dick. Karotten sind kalorienarm.
c Du brauchst kein Geld. Der Eintritt ins Konzert ist kostenlos.
d Das ist ein sinnvolles Projekt. Der Direktor findet es auch gut.
e Es war toll! Wir hatten ein stressfreies Wochenende.
f Vorsicht, das Wasser ist nicht trinkbar!
g Ich habe mir einen tragbaren Computer für unterwegs gekauft.
h Er hat kein Glück. Er ist im Moment arbeitslos.

Das bedeutet:
1. viel
2. wenig
3. kein
4. Man kann …

reich : viel

32 Wenn man die Bedeutung der Endungen kennt, kann man die Adjektive leichter erklären. Hier einige Beispiele für -frei. Könnt ihr sagen, was das ist:

ein stressfreies Wochenende · ein schulfreier Tag · ein alkoholfreies Getränk?

33 Könnt ihr die Sätze in Aufgabe 31 anders sagen? Arbeitet zu zweit und vergleicht in der Klasse.

Beispiel: Obst ist sehr vitaminreich: In Obst gibt es viele Vitamine. / Obst hat viele Vitamine.

34 Untrennbare Verben: Ergänze die Regel.

Regel ▷ Untrennbare Verben sind Verben, die man … Sie beginnen mit: *ver-, zer-, be-, ent-, er-*.

35 Finde Beispiele für untrennbare Verben in dieser Einheit.

F Erfinder im Deutschunterricht

36 Sieh dir die Erfindungen an, ergänze dann die Sätze unten mit den passenden Relativpronomen und ordne sie den Bildern zu.

a Hausschuhe, mit … man gleichzeitig den Boden putzen kann.
b Ein Hammer, mit … auch im Dunkeln gearbeitet werden kann.
c Ideal für Eltern, … Kinder die Sonne und die Hitze nicht ertragen: ein Kinderbadewagen.
d Ein Eimer, … du nicht vergessen darfst, wenn du ans Meer fährst. Damit kannst du eine Sandburg in einer Minute bauen. Auch für Erwachsene, … noch nie eine Sandburg gebaut haben.

37 Erfindungen selbst machen.

Deutschlernende in Slowenien haben sich als Erfinder betätigt. Wir zeigen euch hier ein Beispiel. Vielleicht bekommt ihr ja auch Lust, nützliche oder unnütze Sachen zu erfinden. Vergesst nicht, eure Erfindungen zu beschreiben.

A Kunst und Geschichte

1 Wo ist das? Was erkennst du?

Als der Künstler Christo und seine Frau Jeanne-Claude planten, den Reichstag zu verhüllen, hatten sie schon Kunstprojekte in der ganzen Welt durchgeführt. Viele Projekte hatten mit Verpackungen zu tun.

2 Höre die Kommentare auf der Kassette. Wie viele positive und wie viele negative Kommentare sind es?

● Ich finde die Idee blöd. Mit so viel Geld könnte man etwas Sinnvolleres machen.

○ Das ist eine ganz neue Perspektive. Man sollte den Reichstag gar nicht mehr auspacken. Das sieht einfach schön aus.

3 Lies den Text. Was war vor 1995? Was passierte 1995? Schreibe je drei Fakten auf.

vor 1995 | 1995

Im Sommer 1995 verhüllten der Künstler Christo und seine Frau Jeanne-Claude den Reichstag in Berlin. Christos Planungen zur Verhüllung des Reichstags hatten schon vor 24 Jahren, also lange vor dem Ende der DDR, begonnen. Zu dieser Zeit trennte eine Mauer direkt neben dem Reichstag Westberlin und Ostberlin, das damals Hauptstadt der DDR war. Die Verhüllung sollte vom Westen und vom Osten zu sehen sein. Viele Leute waren zunächst dagegen, den Reichstag, das Symbol der deutschen Geschichte, zu verhüllen. Als das Projekt dann im Sommer 1995 endlich stattfand, war die Mauer schon weg und die DDR existierte nicht mehr. Millionen Touristen kamen in diesen drei Wochen nach Berlin, um das verhüllte Gebäude zu sehen. Am ersten Wochenende waren es allein 700 000 Besucher. Fast alle waren begeistert.

4 Diskutiert im Kurs: Wie findet ihr die Verpackungsidee? Was könnte man in eurem Land / in eurer Stadt verpacken?

B Die Geschichte eines Hauses

5   Orientiere dich in der Zeitleiste links. Was kennst du aus dem Geschichtsunterricht?
6   Weniger als 14 Jahre gab es im Reichstag ein demokratisches Parlament.
    Lies „Die Geschichte des Reichstags". Welche Jahre waren das?

Zeitleiste

1871–1914
Nach Gründung des Kaiserreichs entwickelt sich Deutschland zu einem Industriestaat, aber nicht zu einer Demokratie. Reichskanzler Bismarck und später Kaiser Wilhelm der Zweite bestimmen die Politik.

1918
Deutschland verliert den Ersten Weltkrieg. Der Kaiser muss gehen.

1919–1933
Die Weimarer Republik ist der erste demokratische deutsche Staat. Die Frauen bekommen 1919 das Wahlrecht. Es gibt viele Parteien. Nach der Weltwirtschaftskrise (1929) werden die antidemokratischen Parteien stärker. Die Nationalsozialisten (Nazis) zerstören schließlich die Republik.

30. Januar 1933
Adolf Hitler wird Reichskanzler.

1933–1945
Die Nazis verfolgen politische Gegner, Juden und andere Minderheiten. Im Zweiten Weltkrieg, den Deutschland mit dem Angriff auf Polen am 1. September 1939 beginnt, sterben mehr als 50 Mio. Menschen. Mehr als sechs Mio. Menschen werden in deutschen Konzentrationslagern ermordet.

1945–1990
Am Ende des Krieges wird Deutschland besetzt. Aus den Zonen der Franzosen, Briten und Amerikaner wird 1949 die Bundesrepublik Deutschland, aus der russischen Zone die Deutsche Demokratische Republik.

3. Oktober 1990
Vereinigung der beiden deutschen Staaten. Die DDR existiert nicht mehr.

Die Geschichte des Reichstags

1884
Der Kaiser lässt den Reichstag bauen.

1894
Nach 10 Jahren Bauzeit ist das Reichstagsgebäude fertig. Das deutsche Parlament hat zwar wenig Rechte, aber ein eigenes Haus.

9. November 1918
Der sozialdemokratische Politiker Philipp Scheidemann ruft vom Balkon des Reichstags: „Es lebe die deutsche Republik." Der Reichstag ist jetzt das Parlament der ersten deutschen Republik.

27. Februar 1933
Der Reichstag brennt. Hitler benutzt die Gelegenheit und lässt politische Gegner einsperren. Alle Parteien außer der NSDAP (der Nationalsozialistischen Deutschen Arbeiterpartei) sind ab 1933 verboten. Es gibt praktisch kein Parlament mehr.

April 1945
Die sowjetische Armee besetzt Berlin. Der Reichstag, der nach dem Brand wieder aufgebaut worden war, wird im Krieg wieder zerstört.

Nach 1949
Der Reichstag wird wieder aufgebaut. Das westdeutsche Parlament tagt nun in Bonn, die DDR bestimmt Ostberlin zur Hauptstadt. Direkt hinter dem Haus trennt seit 1961 eine Mauer Ostberlin von Westberlin. Berlin und Deutschland sind für mehr als 40 Jahre geteilt.

November 1989
Vor dem Reichstag wird gefeiert. Die Mauer ist weg. Berlin ist nicht mehr geteilt. Der Deutsche Bundestag in Bonn beschließt den Umzug der Regierung von Bonn nach Berlin. Der Reichstag wird wieder der Sitz des deutschen Parlaments.

7 Abschnitte deutscher Geschichte. Welche Jahreszahlen gehören in die Lücken?

a Kaiser Wilhelm verließ Deutschland im Jahre ...
b ... wurde die Weimarer Republik gegründet.
c Von ... bis ... regierten die Nazis in Deutschland.
d Im Jahre ... brannte der Reichstag.
e ... begann Deutschland den Zweiten Weltkrieg mit dem Angriff auf Polen.
f ... wurde Deutschland besetzt und in vier Zonen geteilt.
g Im Jahre ... wurde die Bundesrepublik Deutschland gegründet.
h ... baute die DDR zwischen Ost- und Westberlin eine Mauer.
i ... wurde die Mauer geöffnet. Die DDR-Bürger durften frei reisen.
j ... hörte die DDR auf zu existieren.

8 Schreibe die Aussagen zur deutschen Geschichte ins Heft.

a 1871 wird das ... gegründet. **b** Das deutsche Parlament im Kaiserreich ... **c** 1918, nach dem Ersten Weltkrieg ... **d** In der Weimarer Republik durften die Frauen zum ersten Mal ... **e** 1929 ... **f** Nach dem Brand des Reichstags ... **g** Der Zweite Weltkrieg begann ... **h** Er dauerte ... **i** Nach dem Krieg ... **j** Die Bundesrepublik Deutschland und die DDR ...

C Elisabeth Funk – Eine persönliche Geschichte

9 Lies den Text und die Informationen in der Zeitleiste. Was erfährst du hier über Jugendliche in der Zeit zwischen 1933 und 1945?

Jugendliche in der Schule · Jugendliche in der Partei · Jugendliche im Krieg

Elisabeth Funk wurde 1928 geboren. Sie ist zum Zeitpunkt des Interviews 68 Jahre alt. Als junges Mädchen hat sie die Zeit des Nationalsozialismus in Deutschland auf dem Dorf erlebt. Ihre Eltern hatten einen kleinen Bauernhof in Hessen. Ihr Vater arbeitete bei der Post. Im Interview berichtet sie über ihre Schulzeit und über die Freizeit im Bund Deutscher Mädchen, dem BDM (das war damals die Mädchenorganisation, in der praktisch alle mitmachen mussten). Sie erzählt auch über ihre Erlebnisse in der Kriegszeit und über die beruflichen Möglichkeiten junger Frauen auf dem Land in der damaligen Zeit. Was sie über die Schulzeit sagt, ist sicher typisch für die Schulen damals: Die Lehrer waren streng, die Prügelstrafe gehörte zum Alltag. Viele Lehrer waren Mitglied der NSDAP. Die Schüler hatten Angst vor ihren Lehrern.

Zeitleiste

1933–1939
Die Nationalsozialisten bauen ihren Staat auf. Schon 1933 beginnt auch die Verfolgung der Juden und der politischen Gegner der Nazis.

Elisabeth Funk

Elisabeth kommt 1934 in die Schule. Die Lehrer sind streng. Ihre Freizeit müssen die Jugendlichen in den Jugendorganisationen der NSDAP verbringen.

1939

Mit dem deutschen Überfall auf Polen beginnt der Zweite Weltkrieg.

1941–1944

Die deutschen Armeen erobern den größten Teil Europas. Aus den Konzentrationslagern für Juden und politische Gegner werden Vernichtungslager, in denen die Nazis sechs Millionen Menschen ermorden. Viele Städte werden bombardiert, zuerst von den Deutschen, dann von Engländern und Amerikanern. In Europa werden 1700 Städte durch Bomben zerstört. Die Jugendlichen helfen nicht nur bei der Beseitigung der Schäden nach den Angriffen, am Ende müssen sie sogar als Soldaten kämpfen.

1945–1949

Am 8. Mai 1945 ist der Krieg in Europa zu Ende. Deutschland ist weitgehend zerstört und wird in vier Zonen geteilt.
Die meisten Schulen sind kaputt. Es gibt kein Papier, keine Lehrbücher. Viele Menschen hungern und haben kein Dach über dem Kopf. 1949 entstehen aus den vier Besatzungszonen zwei deutsche Staaten: die Bundesrepublik Deutschland und die Deutsche Demokratische Republik.

Elisabeth ist 1939 elf Jahre alt. Wie alle Kinder im Dorf muss sie in der Landwirtschaft mitarbeiten.

Elisabeth fährt mit ihrer BDM-Gruppe nach Kassel und sieht zum ersten Mal eine bombardierte Stadt, in der in einer Nacht 10 000 Menschen gestorben sind.

Weil ihr Vater nicht in der NSDAP ist, bekommt er einen schlechteren Arbeitsplatz und Elisabeth muss mit 14 Jahren in einer Munitionsfabrik arbeiten.

Danach arbeitet sie kurz in einem Kinderheim in Eisenach. Als die Stadt bombardiert wird, muss sie zu Hause bleiben. Die Arbeit auf dem Bauernhof ist auch gefährlich. Tiefflieger beschießen die Menschen auf den Feldern.

Elisabeth lernt Hauswirtschaft in einem Diakonissenhaus. Die Eltern holen sie aber nach einem Jahr zurück auf den Bauernhof. Ausbildung und Berufsleben sind damit beendet. 1952 heiratet Elisabeth und bekommt zwei Kinder.

---

 10 Hört jetzt das Interview und sammelt zu zweit Informationen zu den folgenden Stichwörtern.

Lehrer und Schule: aufspringen · „Heil Hitler" · Totenstille · NSDAP · Prügel · Eltern · Stock · ein paar um die Ohren
Kriegszeit: BDM · HJ (Hitler-Jugend) · Lieder · Schnitzeljagd · einmal wöchentlich · Wehrmachtsberichte · bombardieren · Aufräumungsarbeiten · Tiefflieger
Berufstätigkeit: auf dem Land · Selbstversorger · Landwirtschaft · Vater und die Nazis · Munitionsfabrik · Kinderheim · Diakonissenhaus/Hauswirtschaft

11 Schreibe mit den Stichwörtern in Aufgabe 10 einen kurzen Text: „Jugendliche in der Nazizeit."

12 Habt ihr Projektideen? Geschichte und Geschichten aus eurem Land /eurer Familie …

Ihr könnt Zeitleisten schreiben, ältere Leute interviewen und auf Deutsch darüber berichten. Vielleicht habt ihr alte Familienfotos oder alte Schulbücher usw.? Habt ihr Lust, eine Ausstellung zu machen?

D Über Vergangenheit sprechen

13 Wiederholung: Zeiträume, Zeitpunkte und Ereignisse in der Vergangenheit beschreiben. Wo stehen die Zeitangaben? Wie wird die Vergangenheit gebildet?

a Deutschland war <u>bis 1918</u> ein Kaiserreich.
b Der Reichstag brannte <u>im Februar 1933</u>.
c <u>Von 1933 bis 1945</u> regierten die Nationalsozialisten in Deutschland.
d Der Reichstag wurde <u>vor mehr als 100 Jahren</u> gebaut.
e Deutschland war <u>nach dem Zweiten Weltkrieg</u> 40 Jahre lang geteilt.
f <u>Seit dem 3. Oktober1990</u> existiert die DDR nicht mehr.
g <u>Während des Krieges</u> wurden viele Städte zerstört.
h <u>Als der Krieg zu Ende war</u>, hatten Millionen Menschen keine Wohnung mehr.

GR **14** *Während* **+ Nomen im Genitiv: Lies die Beispiele und schreibe die Sätze a–c.**

Während mein**er** Schulzeit wohnte ich in Dresden.
Während unser**es** Praktikum**s** haben wir neue Erfahrungen gemacht.

a Während / der Unterricht / nicht essen dürfen
b Während / die Ferien / nicht lernen müssen
c Während / das Konzert / Alfred / geschlafen haben

GR **15 Das Plusquamperfekt – die Zeit vor der Vergangenheit. Lies die Sätze und ergänze die Regel im Heft.**

Zuerst
Christo hatte die Idee den Reichstag zu verhüllen.
Christo plante das Projekt 24 Jahre lang.
Christo verhüllte den Reichstag.
Sie waren dort gewesen.

Danach
Er plante das Projekt 24 Jahre.
1995 verhüllte er den Reichstag.
Millionen Touristen kamen nach Berlin.
Sie fanden die Aktion toll.

Nachdem Christo schon einige Gebäude **verpackt hatte**, plante er die Verhüllung des Reichstags.
Nachdem Christo das Projekt 24 Jahre lang **geplant hatte**, verhüllte er 1995 den Reichstag.
Nachdem er den Reichstag **verhüllt hatte**, kamen Millionen Touristen nach Berlin.
Nachdem sie dort **gewesen waren**, fanden sie das Projekt toll.

Regel Das Plusquamperfekt steht meistens in Sätzen zusammen mit dem Präteritum oder dem Perfekt. Es wird mit der Vergangenheitsform der Verben … und dem … gebildet.

16 Deutsche Geschichte: Je zwei Ereignisse gehören zusammen. Was war zuerst? Was kam danach?

a Der Kaiser verließ Deutschland. b Die DDR öffnete die Mauer. c Der Reichstag brannte. d Es gab eine Wirtschaftskrise. e Christo verhüllte den Reichstag. f Die Weimarer Republik wurde gegründet. g Viele DDR-Bürger gingen in den Westen. h Die Nazis verfolgten ihre Gegner. i Die meisten Menschen fanden die Aktion des Künstlers gut. j Die nationalsozialistische Partei wurde stärker.

Zuerst verließ der Kaiser Deutschland. Dann wurde die Weimarer Republik gegründet.

17 So kann man die Informationen zu einem Satz verbinden. Schreibe die Sätze aus Aufgabe 16 neu.

Nachdem der Kaiser Deutschland verlassen hatte, wurde die Weimarer Republik gegründet.

18 Letztes Jahr um diese Zeit. Erinnerst du dich noch?

Ich hatte schon …   … mein neues Fahrrad bekommen.
Ich hatte noch nicht …   … die Klasse 6 abgeschlossen.
Ich hatte gerade …   … mein Zimmer renoviert.
Ich war …   …
Meine Eltern …
Meine Freundin …

19 Das Verb *lassen*: In den folgenden Sätzen funktioniert *lassen* wie ein Modalverb. Was machst du selbst? Was machen andere für dich? Ergänze die Sätze.

Ich putze meine Schuhe selbst.   Ich lasse meine Schuhe putzen.
Ich schneide meine Haare selbst.   Ich lasse …
Ich repariere mein Moped selbst.   Ich …
…   …

20 Was hast du gestern gemacht oder machen lassen?

Gestern habe ich mein Zimmer aufgeräumt. Gestern habe ich mein Zimmer aufräumen lassen.
Ich habe meine Hemden gebügelt. Ich habe meine Hemden …
Ich habe letzte Woche ein Passfoto gemacht. Ich …

21 Was verbieten deine Eltern? Was erlauben sie?

○ Meine Eltern lassen mich nicht bis 12 Uhr ausgehen.
● Meine auch nicht. Ich muss um 10 zu Hause sein.
○ Meine Eltern haben mich allein in Urlaub fahren lassen.
● *Wir* waren alle zusammen an der Ostsee.
○ Lassen dich deine Eltern laute Musik hören?
● Ja, kein Problem.

22 Bertolt Brecht: „Fragen eines lesenden Arbeiters."

Lies den Anfang des Gedichts. Kannst du die Idee Brechts in einem Satz formulieren?

Höre das Gedicht von der Kassette. Den Text findest du im Arbeitsbuch.

> Wer erbaute das siebentorige Theben?
> In den Büchern stehen die Namen von Königen.
> Haben die Könige die Felsbrocken herbeigeschleppt?
> Und das mehrmals zerstörte Babylon –
> Wer baute es so viele Male auf?
> …

23 Geschichte persönlich: Haben sie das selbst gemacht?

Die Generäle haben die Städte bombardiert.   Die Generäle haben die Städte bombardieren lassen.

Der Kaiser baute den Reichstag.   Der Kaiser ließ …
Die DDR baute eine Mauer in Berlin.   …
Christo hat den Reichstag verhüllt.   …
…   …

1   „Formel I" – Satz-Rennen in drei Runden

Immer zwei Schüler/innen spielen gegeneinander. Eine/r zieht eine Karte mit einem Satzanfang und liest ihn vor. Der/die andere muss den Satzanfang wiederholen und ihn ergänzen.

Dann ist der/die andere dran und zieht eine Karte.

Vorschläge für die Kärtchen (ihr könnt natürlich gemeinsam ganz andere Kärtchen schreiben):

Gestern bin ich …
Glaubst du, dass …
Peter hat gefragt, ob …
Peter hat gefragt, warum …
Sie hat behauptet, dass …

2   Wiederholung Konjunktiv II: Könnt ihr euch bei Problemen helfen? Arbeitet zu zweit.
     Schreibt Probleme wie im Beispiel auf ein Kärtchen. Eine/r zieht ein Kärtchen und antwortet.

Was würdest du tun, wenn du kein Geld hättest?

Was würdest du tun, wenn dein bester Freund deine Freundin küssen würde?

Was würdest du tun, wenn man dir dein Fahrrad gestohlen hätte?

3   Wünsche und Träume. Leider klappt nicht immer alles. Was wollten die Leute machen?
     Ergänzt die wenn-Sätze in A und B zu zweit. Fallen euch noch andere Satzanfänge ein?

A	B
Wenn … Aber es regnet!	Wenn ich mehr Zeit hätte … Aber …
Wenn … Aber meine Noten sind schlecht!	Wenn ich ein berühmter Sänger wäre … Aber …
Wenn … Aber ich bin erst 15!	Wenn mir jemand helfen würde … Aber …
Wenn … Aber ich bin kein Vogel!	Wenn ich nicht erkältet wäre … Aber …

4 Die „A–B–A ..."-Geschichte.

Nehmt ein Blatt und schreibt A-B-A – ... darauf, wie im Beispiel. Überlegt den ersten Satz gemeinsam in der Klasse. A schreibt den ersten Satz auf das Blatt und auch den zweiten. Dann schreibt B einen Satz, der dazu passt. Jetzt kommt A wieder dran. Der achte und letzte Satz muss wieder von A geschrieben werden.

> Peter war froh, dass die Ferien jetzt vorbei waren.
> A: Herr Rohrmann, der Mathelehrer, war sauer.
> B: Er wollte ...
> A:

5 Alles relativ. Welches Relativpronomen steht nach dem Komma? Ergänzt die Tabelle zusammen an der Tafel und macht dann Aufgabe 6.

	Nominativ	Akkusativ	Dativ	Genitiv
Der Mann	, der ...	, den ...	, dem ...	, dessen ...
Das Kind	, ...	, ...		
Die Frau	, ...	, ...		
Die Leute	, ...			

6 Welche Relativpronomen gehören zu den Sätzen? Vergleiche mit der Tabelle.

a <u>Sein</u> Herrchen heißt Daniel.
b Ich mag <u>ihn</u> sehr.
c <u>Er</u> liebt Sportschuhe.
d <u>Er</u> hat ein schwarzes Fell.
e Ohne <u>ihn</u> gehe ich nie spazieren.
f <u>Er</u> kann sehr laut bellen.
g <u>Seine</u> Ohren sind lang und weich.
h Ich habe <u>ihm</u> einen Knochen geschenkt.
i Ich würde alles für <u>ihn</u> tun.
j Ich bin mit <u>ihm</u> in den Zoo gegangen.

7 Schreibe aus den Sätzen a–j in Aufgabe 6 Relativsätze nach folgendem Modell:

Der Hund heißt Fredo.
Beispiel: a Der Hund, dessen Herrchen Daniel heißt, heißt Fredo. **b** Der Hund, ...

8 Es ist nicht leicht, ein Praktikum zu machen.
Schreibt die Sätze um. Macht aus den Nomen Verben und verwendet den Infinitiv mit *zu*.

a Das Überprüfen der Bremsen war ziemlich kompliziert.
b Das Auswechseln der Zündkerzen war kein Problem.
c Das Kehren des Hofs machte keinen Spaß.
d Das Aufräumen der Werkstatt und des Büros kostete sehr viel Zeit.
e Das Putzen der Halle war schlecht für die Gesundheit.
f Das Einstellen einer Handbremse war für Daniel interessant.
g Das Reparieren eines Reifens hat am Anfang fast eine Stunde gedauert.

Es war ziemlich kompliziert, die Bremsen zu überprüfen.

9 Wiederholung Plusquamperfekt – Beschreibt den Tag von Norbert Nachdem. Jeder sagt einen Satz.

Nachdem Norbert Nachdem aufgewacht war, duschte er.

Nachdem Norbert Nachdem geduscht hatte, machte er sich einen Kaffee.

Nachdem sich einen ...

10 Memo

Wer hat ein (relativ) gutes Gedächtnis? Spielt in Gruppen zu viert. Seht euch fünf Minuten die Bilder genau an und merkt euch die Namen und die Eigenschaften der Personen. Schließt dann die Bücher.
Eine/r darf das Buch öffnen und eine Frage stellen. Wer richtig antwortet, bekommt einen Punkt. Wer nach zehn Fragen am meisten Punkte hat, hat gewonnen.

Beispiele:
○ Wie heißt der Junge, den man noch nie ohne seine Mütze gesehen hat?
● Der Junge, den man noch nie ohne seine Mütze gesehen hat, heißt Jens.
○ Was wisst ihr über Arnold Schwarzenegger?
● Arnold Schwarzenegger ist ein Mann, der aus Österreich kommt. / Arnold Schwarzenegger ist ein Mann, dessen Körper ...

Sie hat blonde Haare. Ihr Fahrrad wurde gestohlen. Marco war mit ihr befreundet.

Er hat immer gute Noten in Deutsch. Seine Papageien heißen Fritz und Frieder. Es geht ihm meistens gut.

Man hat Jens noch nie ohne seine Mütze gesehen. Daniela hat ihm zum Geburtstag Pralinen geschenkt. Er ist sehr sportlich.

Sie waren schon überall auf der Welt. Ihnen macht Grammatik Spaß. Man kann sich auf sie verlassen.

Er kommt aus Österreich. Sein Körper hat ihn berühmt gemacht. Man kennt ihn auch in den USA. Seine Texte sind meistens nicht sehr lang.

Sie hat hellblaue Augen. Ihr VW ist ziemlich alt. Der Direktor spielt Tennis mit ihr. Ich habe nur gute Noten von ihr bekommen.

Fast alle kennen ihn. Er trägt immer eine karierte Mütze. Sein Leben ist spannend. Sein Kollege Watson ist oft mit ihm zusammen.

Wir haben sie in *sowieso* 2 kennen gelernt. Ihnen gehört ein alter Bahnhof. Sie haben ein Kind und einen Hund. Ihr Bahnhof hat drei Stockwerke.

11 Andere Länder, andere Sitten. Lest die Texte. Wie ist das bei euch?

1

Wusstest du, dass in Griechenland die Kinder ihre Weihnachtsgeschenke nicht am 24. und auch nicht am 25. Dezember erhalten, sondern erst am 1. Januar? Und zwar bringt sie Sankt Vassilios, der wie Nikolaus aussieht, im Orient wohnt und am 1. Januar seinen Namenstag feiert.

2

Wusstest du, dass man nicht überall auf der Welt auf die gleiche Art zählt? Wie zählst du? A, B, C, D oder anders?

	1	2	3	4	5	6	7	8	9	10	
A											A
B											B
C											C
D											D

3

Wusstest du, dass in Island Geschlechtsnamen nicht üblich sind und die Kinder ganz einfach den Namen des Vaters mit der Endung *-son* oder *-dottir* als Zunamen übernehmen? Was glaubst du bedeuten *-son* und *-dottir*? Was weißt du schon über Jon Ingolfsson und Solveig Jakobsdottir?

Amadeusson und Amadeusdottir

4

Wusstest du, dass die Baoulé der afrikanischen Elfenbeinküste zwei Namen erhalten: Den des Vaters und den des Wochentages, an dem sie geboren wurden?
Was erfährst du also über Kouassi Konan und Amoin Yao?

5

Wusstest du, dass es in Thailand unhöflich ist, ein Kind am Kopf zu berühren? Was bedeutet das in deinem Land?

	♀	♂
Mo	Akissi	Kouassi
Di	Adjoua	Kouadio
Mi	Amlan	Konan
Do	Ahou	Kouakou
Fr	Aya	Yao
Sa	Affoué	Koffi
So	Amoin	Kouamé

In dieser Einheit stellen wir euch Ausschnitte aus einem
Roman vor. Der Titel des Romans ist ein Wortspiel.
„Blaumann" heißt die blaue Arbeitskleidung, die die
Arbeiter und Arbeiterinnen in Fabriken tragen.

Ann Ladiges

Blaufrau

rororo rotfuchs

1 **Ihr habt in der Muttersprache sicher schon Romane,
Kurzgeschichten und Erzählungen gelesen. Worauf
kommt es an (Personen, Handlungen ...)?**

2 **Schaut euch das Titelfoto
an und lest den Text
rechts.
Schreibt zwei Fragen
und zwei Vermutungen
über den Roman auf.**

> Den Zündkabeldefekt an ihrem alten
> Mofa hat die fünfzehnjährige Petra
> sofort entdeckt, mit Motoren weiß sie
> ganz schön Bescheid. Nur welchen
> Beruf sie erlernen soll, das weiß sie
> nicht. Darüber hat sie sich bisher auch
> keine großen Gedanken gemacht.

3 **Lies die Zusammenfassung der ersten Seiten des Romans.
Was meinst du, was soll Petra machen? Was erfährst du
über die Berufe der anderen Personen in diesem Roman?**

Petra Simoneit weiß zunächst nicht, was sie nach der Hauptschule machen soll. Ihr Vater arbeitet bei
der Post, in der Verwaltung. Im Roman heißt es über den Beruf von Petras Vater: „Was Papp Tag für
Tag in dieser Verwaltung machte, das wusste Petra nicht genau. Der Vater wollte das Wort ,Post' nach
Feierabend nicht mehr hören." Ihre Mutter war Verkäuferin, hat dann geheiratet und ihren Beruf aufgegeben. Die Eltern diskutieren mit Petra oft über ihren Beruf. Petra hat sich noch nicht so viele Gedanken darüber gemacht. Ihre Noten in der Schule waren gar nicht so schlecht. Eine „2" in Deutsch
und auch in Geometrie. Die Eltern haben Petra dann noch zu einem Schreibmaschinenkurs angemel-
det. Ihre Freundin Conny findet einen Arbeitsplatz in einem Büro und erzählt, dass es ihr gut gefällt.

W enn sie von der Zukunft reden, sind alle immer todernst. Der Ernst des Lebens. Nun fängt
der Ernst des Lebens für dich an, hat Papp heute morgen gesagt.

Ihre Mutter ist mit ihr auf das Arbeitsamt gegangen, zur Berufsberatung
für Hauptschüler. Sie sagte:

E s geht um deine Zukunft, Kind. [...]
Sechs Wochen hatte sie auf einen
Termin bei der Berufsberatung
warten müssen. Jetzt war ihr
5 unbehaglich. Die Berufsberaterin
betrachtete aufmerksam Petras
Zeugnis. Warum sagt sie
bloß nichts.

4 Als sie das Büro verlassen, ist Petras Mutter ziemlich sauer. Woran erkennst du das?
Lies den Dialog zwischen Petra und ihrer Mutter.

Hockst da und kriegst den Mund nicht auf!
Was sollte ich denn sagen?
Fragen! Wozu sind wir denn sonst hingegangen?
Ich wusste nicht, was ich fragen sollte.
5   Die Mutter blieb stehen: Ist dir eigentlich klar, um was es geht?
Um meine Zukunft, dachte Petra. Ja, klar, sagte sie.
Eine Frau drehte sich um, sah zu ihnen hin. Petra wollte weitergehen, aber die Mutter konnte nicht aufhören.
Es kommt auf den persönlichen Eindruck an, den man beim Arbeitsamt macht! Ich begreife
10 dich nicht. Wir zerbrechen uns den Kopf, was aus dir werden soll, aber dich scheint das alles nichts anzugehen.
Doch, sagte Petra. Natürlich.

5 Petras Mutter ist wütend. Lest den Dialog laut. Achtet auf die Intonation.

6 Im nächsten Kapitel sitzen Petra und ihre Eltern am Frühstückstisch.
Die Eltern lesen die Stellenanzeigen in der Zeitung.
Seht euch die Zeichnung an. Beschreibt die Situation.

7 Hört den folgenden Abschnitt zuerst von der Kassette. Wie wird der Beruf der Sekretärin
beschrieben? Was denkt die Mutter darüber?

Sonntagmorgen. Petra freute sich auf ein gemütliches Frühstück. Die Mutter legte die *Welt am
Sonntag* auf den Tisch.
Da, *Stellenangebote weiblich*. Sieh dir das an. Sie las vor: *Sekretärin für unsere Kreditabteilung.
Gestandene Sekretärin. Chefsekretärin auf Direktionsebene. Als Sekretärin Karriere machen.*
5   Ja, sagte Petra.

Der Vater wollte der Mutter die Zeitung aus der Hand nehmen, aber sie hielt sie fest. Ihr müsst euch das mal anhören, sagte sie. Zum Beispiel: Sekretärin des Verkaufsleiters Fachhandel gesucht.

Sie machte eine Pause, las dann langsam und mit Betonung weiter vor. *Sie ist Assistentin und*
rechte Hand ihres Chefs, der viel Arbeit und wenig Zeit hat. Wir – eine junge Mannschaft –
haben für sie eine lebendige Aufgabe! Der Außendienst will betreut und informiert werden,
Anrufe sind entgegenzunehmen. Und natürlich gibt es die vielen kleinen Dinge, die eine gute
Sekretärin von selbst sieht und erledigt.

8 Bevor ihr weiterlest: Diskutiert eure Eindrücke im Kurs.

- Was wisst ihr über die Berufe der Eltern?
- Welchen Eindruck haben die Eltern von Petra?
- Beschreibt die Rolle, die sie bei der Berufswahl spielen.
- Beschreibt Petras Rolle in den Gesprächen auf dem Arbeitsamt und am Frühstückstisch.

9 Diskutiert: Was meint ihr, wie geht die Geschichte weiter? Lest dann die Textzusammenfassung.

Inzwischen war der letzte Schultag gekommen. Fünf Jungen und die Hälfte der Mädchen hatten noch keinen Ausbildungsplatz. Die Eltern schenkten Petra 200 Mark und einen neuen Bademantel, von Oma Zwirner bekam sie 50 Mark und ein goldenes Kettchen. Petras Vater lernt dann zufällig den Chef der Hemag kennen. Die Hemag ist ein großer Betrieb mit 3000 Arbeitnehmern, in dem Maschinen hergestellt werden. Der Chef ist einverstanden damit, dass Petra im Büro anfangen kann. Petras Vater freut sich, dass er mit seinen Kontakten für sie einen Ausbildungsplatz bekommen konnte. Sie beginnt im Personalbüro. Frau Müschler ist die Sekretärin des Chefs der Personalabteilung. Petra mag sie nicht besonders. Marianne Urbanek, eine andere Kollegin, ist nett zu ihr.

10 Im folgenden Abschnitt des Romans werden Petras erste Tage und Wochen im Büro geschildert. Was macht sie gern, was mag sie überhaupt nicht?

Papier, Papier, Papier. Petra war in den ersten Tagen wie betäubt. Man hatte ihr eine alte Schreibmaschine hingestellt, zum Üben gerade richtig, wie die Müschler behauptete.
Viertel nach acht.
Briefe müssen sauber geschrieben werden. Links ein Zeilenabstand von zehn Grad, unten zwei
5 Fingerbreit frei lassen. Halten Sie ruhig beide Finger ans Papier! Auch eine Hauspost darf nicht schlampig sein. Die Personalabteilung ist das Aushängeschild des Betriebes.
Halb zehn.
Schreiben, schreiben, schreiben. Das ist nun mal der Anfang, Fräulein Simoneit. Nur so finden Ihre Finger blind die Tasten. Sehen Sie, Ihr Schriftbild wird immer schöner. Und merken Sie
10 sich eines: die Personalakte verfolgt einen jeden vom Eintritt in die Firma bis zum Ruhestand.
Es sei denn, es wird vorher eine Kündigung ausgesprochen.
Elf Uhr.
Ich fall vom Stuhl, dachte Petra. Der Hintern tat ihr weh, sie konnte nicht mehr sitzen.
Acht Stunden am Tag sitzen! In der Schule gab es wenigstens nach einer Dreiviertelstunde eine
15 Pause, aber im Büro acht Stunden auf einem Stuhl!
Fünf nach elf.
Die Uhr kann nicht richtig gehen. Es muß doch später sein. Es kam ihr vor, als ginge der Tag überhaupt nicht zu Ende.
Am Abend sagte der Vater: Du wirst dich schon daran gewöhnen. Es ist eben eine Umstellung.
20 Jetzt stehst du im Berufsleben. Stehen ist gut, dachte Petra. Ich sitze.

Nach sechs Wochen ließ die Müschler Petra immer noch diese öden Formbriefe abschreiben. *Für Ihre Bewerbung danken wir Ihnen. Da wir gerne ein unverbindliches Gespräch mit Ihnen führen möchten, bitten wir Sie, sich am dem in unserem Hause, Zimmer bei vorzustellen. Bitte bringen Sie den beigefügten Personalbogen ausgefüllt mit. Sollten Sie den genannten*
25 *Termin nicht ...*
Das muss Ihnen in Fleisch und Blut übergehen, Kindchen, sagte die Müschler. Nur so lernen Sie, diese Briefe selbständig zu schreiben.
So ein Schwachsinn, dachte Petra. Sie gab sich Mühe, versuchte alles richtig zu machen, was Frau Urbanek oder die Müschler ihr auftrugen. Aber manchmal blickte sie einfach nicht durch.
30 Eingabe der Personaldaten in die EDV. Was gehört da rein? Name, Geburtstag, Tätigkeitsbezeichnung, Probezeit, Lohn oder Gehalt, Zulagen. Was guckt die denn so, die Müschler? Was hab ich denn nun wieder vergessen?
Wer wird bei Unfall verständigt?!
Ach ja. Ich kann mir das einfach nicht alles merken.
35 Petra war dankbar, wenn Frau Urbanek sie zur Poststelle schickte oder zum Kopiergerät. Sie holte gern Büromaterial und drängte sich zum Kaffeekochen. Ich spüle sogar Tassen gern, dachte sie. Dann hab ich was in den Händen! Nicht immer nur Papier. Am liebsten brachte sie Unterlagen in das neue Verwaltungsgebäude. Sie ging dann nicht über die Glasbrücke im ersten Stock, sondern über den Werkhof. Meistens machte sie einen kleinen Umweg und versuchte, einen
40 Blick in die Hallen zu werfen.
Einmal stand sie unschlüssig vor einem Hallentor und überlegte, ob sie einfach hineingehen sollte. Suchen Sie etwas, Fräulein? sprach ein älterer Arbeiter sie an.
Nee, sagte Petra. Ich hab nur ... ich arbeite im Büro, erklärte sie dann etwas verlegen.
Im Personalbüro.

11 Lies die Zeilen 13 bis 44 noch einmal. Beschreibe: Woran erkennst du, dass Petra unzufrieden ist? Was würde sie lieber tun?

12 Stell dir vor, Petra trifft ihre Freundin Conny. Was erzählt Petra über ihre Arbeit im Betrieb?

13 Wie geht die Geschichte weiter?

Petras Kollegin Marianne merkt bald, dass sich Petra im Büro nicht besonders wohl fühlt. Sie gibt ihr einen Tipp. Im technischen Bereich, in der Produktion, werden noch Leute gesucht. Sie sagt, dass sie sich dort bei Herrn Weber melden soll.

14 Lies den folgenden Abschnitt und ergänze die folgenden Satzanfänge:

Petra sagt zuerst, dass …
Petra sagt nicht, …
Herr Weber sagt, dass er …
Er sagt, dass Petra …
Herr Weber will …

Ausbildungsleiter, Joachim Weber. Gewerblich-technischer Bereich. Petra las das Türschild zum zweiten Mal. Ich geh jetzt rein, sagte sie sich. Ich hab mich entschlossen.
Sie klopfte kräftig. Herein.
Er ist also da. Petra öffnete die Tür. Das energische Klopfen hatte ihr plötzlich Mut gemacht. Auch
5 die richtigen Worte fielen ihr gleich ein. Sie erklärte Herrn Weber, dass sie ihre Ausbildung im Büro abbrechen und Maschinenschlosserin werden möchte. Die Zeit im Büro betrachte sie nicht als verloren, sie wisse jetzt genauer, was sie wolle. Dass sie den Eltern von ihrem Entschluss nichts gesagt hatte, erwähnte sie nicht. Herr Weber fragte auch nicht danach. Er ließ sie reden. Dann räusperte er sich: Er persönlich habe nichts gegen Mädchen in sogenannten Männer-
10 berufen. Ganz im Gegenteil. Aber letztlich hinge die Entscheidung nicht von ihm allein ab.

Da hätten die Meister noch ein Wörtchen mitzureden und so weiter. Außerdem wäre Petra reichlich spät gekommen, die Auswahlverfahren für das neue Ausbildungsjahr seien abgeschlossen. Wir haben 17 Jungen aus 150 Bewerbungen ausgesiebt, sagte er.

15   Ich lasse Sie mal den Test machen, sagte Herr Weber dann und notierte sich Petras Namen. Wir müssen ja erst mal sehen, ob Sie überhaupt geeignet sind. Also, wenn es Ihnen ernst ist ... Ernst. Der Ernst des Lebens. Jetzt fängt er wirklich an, dachte Petra. Aber dann werden sie mich endlich auch ernst nehmen.
Ja, es ist mir ernst, sagte sie.
Herr Weber stand auf, gab ihr die Hand.
20   Sie hören von mir, sagte er. Aber machen Sie sich keine allzu großen Hoffnungen.

15   Herr Weber sagt:

„Ich persönlich habe nichts gegen Mädchen in sogenannten Männerberufen. Ganz im Gegenteil."

Was heißt das? Könnt ihr diese Aussage kommentieren?

16   Petra schreibt einen Test. Was meint ihr, wie sind ihre Chancen?

Jetzt war sie doch aufgeregt. Herr Weber gab ihr die Testbögen und einen neuen, blauen Kugelschreiber. Sie musste sich an den großen Tisch mitten im Zimmer setzen. Herr Weber nahm seine Armbanduhr ab. Er forderte sie auf, die allgemeinen Bemerkungen auf der ersten Seite zu lesen, sie solle Bescheid geben, wenn sie soweit wäre. Sie las, dass sie jetzt einen Intelligenz-
5   und Eignungstest machen würde und dass sie die Ergebnisse nicht weitergeben dürfe. Sie hatte plötzlich wieder diesen Frosch im Hals und musste sich räuspern. Dann sagte sie heiser:
Ich fange jetzt an. Sie las:

1. Die Tochter des Bruders meiner Mutter ist meine
   Nichte   Tante   Kusine   Enkelin   Stiefschwester
10   *A   B   C   D   E*
Kreuzen Sie die richtige Antwort an.
Die Tochter des Bruders? Was hat denn das mit Maschinenschlosser zu tun? Die Tochter des Bruders meiner Mutter ist meine ... Kusin, Kusine! Also C. Oma Zwirner. Die Mutter meiner Mutter. Los, weiter!

15   *2. Das Gegenteil von verschwenderisch ist*
   schlicht   geizig   sparsam   großzügig   wohlhabend
   A   B   C   D   E
Geizig? Nein, sparsam. C. Weiter.

Auf der dritten Seite endlich kamen technische Fragen. Wie muss ein Treibriemen gespannt
20   werden, damit die Achse X ... Welches Zahnrad dreht sich in Uhrzeigerrichtung ...
Jetzt hatte Petra schon eher das Gefühl, den richtigen Test bekommen zu haben. Sie fand die Fragen nicht besonders schwierig, manche höchstens etwas kniffelig. Zum Schluss musste sie nach einer Abbildung ein Stück Draht biegen. Herr Weber äußerte sich nicht, ob sie es richtig gemacht hatte. Er sagte nur:
25   Das war's dann für heute. Ich rufe Sie an.

Freitag, eine Woche später. Kurz vor Büroschluss rief Ausbildungsleiter Weber an. Petra möge doch, bevor sie gehe, kurz bei ihm hereinschauen.
Ich wette, du hast Glück gehabt, behauptete Marianne. Und das sagte auch Herr Weber.
30 Glück muß man haben im Leben, Fräulein Simoneit. Heute hat ein Vater für seinen Sohn abgesagt. Ich habe den Ausbildungsvertrag für Sie vorbereitet. Mit den Meistern habe ich Ihre Bewerbung besprochen. Ihre Eltern brauchen nur zu unterschreiben. Und bitte, bringen Sie mir den Vertrag umgehend zurück! Ach, und noch etwas. Ich muss Ihnen sagen, Sie haben den Test wirklich ausgezeichnet gemacht.
Maschinenschlosser! Es hat geklappt! Ich hab einen Vertrag! Petra rannte die Treppen hinunter.
35 Am Haupttor wartete Marianne.
Mensch, Mädchen, sagte sie und gab Petra einen Kuss.

17 Petra hat einen Ausbildungsvertrag als Maschinenschlosserin bekommen. Glück oder Leistung? Was steht im Text darüber?

18 Arbeitet in Gruppen. Sammelt Argumente für und gegen den Berufswechsel.

19 Petras Eltern müssen den Ausbildungsvertrag unterschreiben. Wie reagieren sie? Spielt das Gespräch im Kurs.

20 Hier ist das Ende der Diskussion zwischen Petra und ihren Eltern um den Berufswechsel. Ihr Vater sagt:

Bring deine Ausbildung als Bürokaufmann zu Ende, dann können wir weitersehen. Außerdem bist du es selbst gewesen, die ins Büro wollte.
Ja, weil ich nicht wusste, was ich wollte, versuchte Petra zu erklären. Es hat mir ja auch keiner geholfen. Jetzt hör aber auf! empörte sich die Mutter. Wer ist denn mit dir zum Arbeitsamt gegan-
5 gen?! Petra wäre am liebsten aus dem Zimmer gerannt. Aber sie wusste: Ich muss durchhalten. […]
Donnerstag war Oma Zwirner gekommen, um im Garten zu helfen. Sie hörte sich das ganze Theater um Petra an. Dann sagte sie nur zur Mutter: Ich weiß nicht, worüber ihr euch so auf-
regt? Warum sollen Frauen nicht Maschinenschlosser sein? Was war denn im Krieg? In der
10 Rüstung haben die Frauen gearbeitet. Schwere Handarbeit. Falls du weißt, was das ist. Oder ich! Ich habe Straßenbahn gefahren. Als ich das deinem Vater ins Feld geschrieben habe, da hat er zurückgeschrieben: Lottchen, du bist doch viel zu zart für so was. Wie hältst du das bloß durch, mein Mäuschen? Na, das Mäuschen hat noch ganz andere Sachen durchgehalten. Trümmer hab ich geräumt. Immer rauf auf die Ruinen mit der leeren Schubkarre und runter mit der vollen!
15 Und das alles mit dir im Bauch. Jawohl!

21 Beschreibt die Argumente der Großmutter mit eigenen Worten.

22 Erinnert ihr euch an Einheit 10? Was wisst ihr über die Zeit, über die die Großmutter erzählt?

Zum Schluss unterschrieb ihr Vater den Vertrag doch. Petra fing ihre Ausbildung im Betrieb an, zusammen mit 17 Jungen. Leicht war das alles nicht. Ihr Ausbilder sagte gleich am ersten Tag, er persönlich habe nichts gegen Mädchen in Männerberufen ... Später schaffte Petra die mündliche Prüfung in der Berufsschule und arbeitete weiter in dem Betrieb. Sie hatte ihren Beruf gefunden.

23 In dem Roman gibt es eine Reihe von Szenen: „Auf dem Arbeitsamt", „Am Frühstückstisch", „Der Streit mit den Eltern". Wählt eine Szene aus, bereitet sie in Gruppen vor und spielt sie in der Klasse.

24 Frauen in Männerberufen – was heißt das? Welche Probleme hat Petra mit ihrer Berufswahl? Warum?

A „Mund auf statt Augen zu"

1   Seht euch die Bilder an. Worum geht es? Wie findet ihr die Plakate?

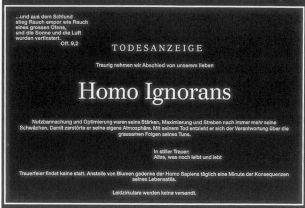

2   Lies den Text und notiere Stichworte. Kannst du ihn mündlich zusammenfassen?

„Was mit der Umwelt geschieht, geht uns alle an", meint das Bundesamt für Umwelt, Wald und Landschaft (BUWAL) und rief deshalb junge Leute zwischen 12 und 25 Jahren auf, für die Umwelt Werbung zu machen. Die von den jungen Leuten produzierten Werbetexte, Slogans, Videos, Reportagen, Musikstücke und Plakate wurden in einer dreijährigen Kampagne unter dem Titel „Mund auf statt Augen zu" der Öffentlichkeit präsentiert. Die Zeitungen haben in der ganzen Schweiz über die Jugendkampagne, an der über 2000 Jugendliche aktiv mitgemacht haben, berichtet. Die besten Plakate wurden überall ausgehängt. Drei Themen standen im Mittelpunkt: „Klima", „Naturschutz" und „Artenvielfalt". Drei Jugendliche, die an der Aktion mitgemacht haben, berichteten in einer Schülerzeitschrift.

3   Hier schreiben drei Schüler/innen, Maja, Daniel und Philipp, wie sie zu ihrem Plakatentwurf gekommen sind. Lies die Texte und mache danach die Aufgabe auf Seite 79. Was passt zusammen?

Maja: Den Plakatentwurf für „Mund auf statt Augen zu" habe ich in Bern gesehen. Ich war interessiert und fragte meinen Bruder, ob er auch mitmachen würde. Zuerst haben wir ziemlich lange über die Ursachen und Auswirkungen der Klimaveränderungen diskutiert. Unsere Ideen und Entwürfe haben wir einander per Post zugeschickt, da Daniel in Zürich lebt und ich in Bern wohne. Mein Bruder hatte schließlich die Idee, eine Todesanzeige zu gestalten und wir studierten das Layout der Todesanzeigen in verschiedenen Zeitungen. Das Plakat haben wir gemeinsam ausgearbeitet. Um ein geeignetes Zitat zu finden, haben wir die „Offenbarung" der Bibel gelesen.

Daniel: Die etwas harte Form der Todesanzeige soll die Leute spontan ansprechen – zuerst als Blickfang, dann, beim näheren Hinsehen, durch den Text, der einiges aussagt – und so ins Bewusstsein der Leute eindringen. Wir hoffen natürlich, dass das Plakat Veränderungen im Verhalten der Leute bringt, weil das sehr wichtig ist. Ob das Plakat neben einem kleinen Denkanstoß auch noch anderes Handeln bewirkt, ist eine andere Frage. Die Leute werden vielleicht darüber reden! Bei uns hat sich eigentlich nichts im Verlauf unserer Mitarbeit geändert, weil wir schon vorher umweltbewusst waren und überzeugt sind, dass ein anderer Umgang mit der Natur wichtig ist. Wir fahren schon immer mit dem Rad und werden das auch in Zukunft tun.

Philipp: Unser Zeichenlehrer hatte uns den Auftrag gegeben, für die BUWAL-Kampagne ein Plakat zu entwerfen. Die Idee für unser Plakat ist uns ganz spontan gekommen. Wir haben diesen Entwurf zu viert entwickelt und ans BUWAL geschickt. Wir wollen nicht die Faust im Sack machen und machen mit dem Plakat darauf aufmerksam, dass wir uns selbst k.o. schlagen, wenn wir die Ozonschicht zerstören. Trotzdem bleiben wir realistisch, was die Wirkung des Plakates betrifft. Wir glauben, dass viele Leute, die unser Plakat sehen, dennoch mit ihren Autos statt mit der Straßenbahn, dem Bus oder dem Rad fahren werden. Bei uns selbst hat sich einiges geändert. Vor allem sind wir besser informiert als vorher.

Maja	hat zusammen mit vier Freunden die Idee für das Plakat gehabt.
Daniel	fragte ihren Bruder, ob er auch mitmachen würde.
Maja und Daniel	ist skeptisch, was die Wirkung des Plakats betrifft.
Philipp	diskutierten lange zusammen.
	hatte die Idee mit der Todesanzeige.
	wollten mit dem Plakat die Leute spontan ansprechen.
	waren schon vorher sehr umweltbewusst.
	hofften, durch die Todesanzeige das Verhalten der Menschen zu verändern.
	sind überzeugt, dass ein anderer Umgang mit der Natur wichtig ist.

4 Diskutiert in der Klasse: Was können Plakate bewirken? Kann man mit Plakaten die Einstellung von Menschen verändern? Hängen zur Zeit in eurer Stadt interessante Plakate?

5 Schüleraktionen in Zeitungsschlagzeilen:

> **Ausstellung: Das Waldsterben**
> *Kassel.* Die Schüler der Klasse 9b der Offenen Schule Waldau eröffnen am Montag, 15. Mai, 13.30 Uhr, in der Stadtteilbibliothek eine Ausstellung, in der Karikaturen und Plakate von Schülern und bekannten Künstlern präsentiert werden. Die Ausstellung hat das Waldsterben zum Thema.

> **Infostand am Rathaus:**
> **Gift in Lebensmitteln**

> **Schülerdemo für autofreie Innenstadt**

> **Projekttage Friedrichsgymnasium:**
> **Was tun gegen den Müll in der Schule?**

Werden in eurem Land / eurer Schule / eurer Region auch Umweltaktionen organisiert? Habt ihr Ideen, welche Aktionen man machen sollte?

B Ein Tal wird zum „Highway"

6 Seht euch das Foto an und beschreibt es. Welche der folgenden Wörter passen am besten dazu?

Autobahn
Landschaft
Beton
Berge
Täler
Dörfer
Bauernhöfe
Lärm
Lebensqualität
Geschwindigkeit
Bequemlichkeit
Ruhe
Umweltzerstörung
Landleben
Erholung
grünes Tal

7 Der Text in Aufgabe 8 nennt viele Gründe für die Veränderung der Alpenregion.
Lies den ersten Abschnitt des Textes und ergänze die Sätze mit Informationen aus dem Text.

a Weil ..., waren die Alpen eine sehr arme Region.
b Weil ..., konnten die Bauern nicht viel verdienen.
c Weil ..., wanderten viele Alpenbewohner aus.
d Weil ..., wurden Liftanlagen, Hotels und Straßen gebaut.
e Weil ..., gab es Wohlstand für viele aber auch neue Probleme.

8 Lies den Text und ergänze die Textgrafik im Heft.

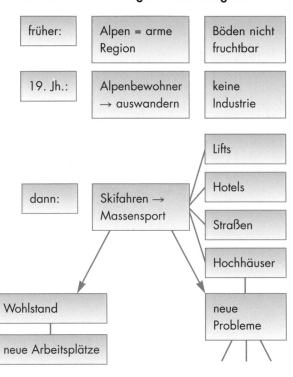

9 Im Text findest du viele Ursachen und
Konsequenzen. Beschreibe drei weitere
Zusammenhänge wie in Aufgabe 7.
Vergleicht eure Ergebnisse im Kurs.

10 Mit einer Textgrafik arbeiten, aus Stich-
wörtern Sätze machen. Arbeitet zu zweit.
Verwendet die folgenden Wörter, um die
Gedanken zu verbinden.

und · deshalb · um ... zu · als · denn ·
obwohl · aber · weil

Laster, Lärm und Landschaft
Umwelt und Verkehr in den Alpen

Früher waren die deutschen, die österreichischen und Schweizer Alpen eine sehr arme Region. Es gab keine Industrie und als Bauer konnte man nicht viel verdienen, denn die Böden waren nicht sehr frucht-bar. Viele Alpenbewoh-ner wanderten deshalb im 19. Jahrhundert aus. Als das Skifahren zum Massensport wurde, ver-änderte sich die Alpen-region. Überall wurde gebaut: Liftanlagen, Pen-sionen und Hotels, Stra-ßen und Hochhäuser. Das brachte nicht nur mehr Wohlstand für alle durch den Tourismus, sondern auch neue Pro-bleme für die Region.
Der Tourismus brachte neue Arbeitsplätze vor allem in der Gastrono-mie und im Freizeit-bereich. Man brauchte viele Restaurants, Cafés und auch Skilehrer und Betreuer für die vielen tausend Gäste. Jetzt ging es den Menschen in der Alpenregion bes-ser. Aber für die Natur, für die schönen Berge und Täler, für die Pflan-zen und die Tiere be-gann eine Zeit der Zer-störung. Damit der Ver-kehr immer schneller werden konnte, muss-te man neue Straßen und Autobahnen bau-en. Straßen, die so breit waren, dass man nicht nur die Landschaft zer-störte, sondern auch viele Bergdörfer.
Heute kommen auf die-sen Straßen aber nicht nur die Touristen ins Land, sondern auch der Schwerlastverkehr mit seinen Lastwagen und Transportern. Seit 1990 hat der Schwerlastver-kehr um fast 50% zu-genommen. Für die Ein-wohner vieler Alpentä-ler bedeutete das eine extreme Zunahme von Lärm und Luftver-schmutzung.
Seit einigen Jahren kämpfen nun nicht nur die Einwohner vieler kleiner Städte und Dör-fer, sondern auch be-kannte Umweltorgani-sationen wie zum Bei-spiel Greenpeace für die Reduzierung der Fahrge-schwindigkeit und den Bau von Lärmschutz-wänden. Eine gute Lö-sung wäre die Verlage-rung des Schwerlastver-kehrs auf die Schiene, aber das ist eine Frage von Kosten und wirt-schaftlichen Interessen.

C Satzverbindungen

11 Die folgenden Konjunktionen kennt ihr. Schreibt zu zweit je einen Beispielsatz.

wenn · weil · denn · obwohl · um … zu · einerseits … andererseits

GR **12 Diese Verbindung ist neu:** *nicht nur … sondern auch.* **Sucht Beispiele im Text von Aufgabe 8. Was wisst ihr jetzt schon über den Gebrauch?**

13 Arbeitet zu zweit. Macht aus zwei Sätzen einen Satz. Verwendet *einerseits … andererseits* **oder** *nicht nur … sondern auch.* **Vergleicht die Ergebnisse.**

einerseits … andererseits
Die Bauern verdienen jetzt mehr Geld.
Die Touristen verschmutzen die Umwelt.

Einerseits verdienen …

nicht nur … sondern auch
Man baute Hotels und Pensionen.
Man baute Straßen und Skilifts.

Man baute nicht nur …

14 Schreibe die Sätze mit *einerseits … andererseits* **oder** *nicht nur … sondern auch.*

a Gemüse ist gesund und schmeckt gut.
b Schokolade schmeckt gut, hat aber viele Kalorien.
c Autos sind bequem. Sie verschmutzen aber auch die Luft.
d Das Problem der Umweltpolitik sind die Kosten, aber auch die wirtschaftlichen Interessen.

15 Der folgende Text beschreibt eine Aktion gegen die Zerstörung der Alpenlandschaft. Lies den Text. Welche W-Fragen kannst du beantworten?

Wer? · Was? · Wann? · Warum? · Wie (mit welchen Mitteln)? · Wozu (zu welchem Zweck)?

Protest gegen Schwerlastverkehr: Greenpeace blockierte Alpen-Übergänge

Innsbruck (dpa). Aus Protest gegen den Schwerlastverkehr aus den EG-Staaten über die Alpen haben am Montag rund 140 Mitglieder der Umweltorganisation Greenpeace drei Stunden lang die Brennerautobahn in der Nähe von Schönberg in Tirol blockiert. Am Mittag beendeten sie die Blockade, weil sie – wie ein Sprecher erklärte – die Ergebnisse der Verhandlungen Österreichs mit der europäischen Gemeinschaft über den Alpentransit abwarten wollten. Die Brennerautobahn musste für mehrere Stunden für den gesamten Verkehr in beiden Richtungen gesperrt werden. Der Verkehr wurde auf Bundesstraßen umgeleitet. Dennoch entstanden bis zu 30 Kilometer lange Staus. Gleichzeitig blockierten Umweltschützer auch den Gotthard-Tunnel bei Göschenen in der Schweiz.

Menschenkette an der Zollstation Schönberg der Brennerautobahn

16 Wie findet ihr die Aktion? Wer ist dafür, wer ist dagegen?

17 Aktionen für die Umwelt – Pro und Contra. Eine Podiumsdiskussion vorbereiten.

Sich in fremde Rollen hineinversetzen heißt, die
Personen genau beschreiben. Arbeitet in Gruppen
und findet Informationen zu den Rollen: Name,
Alter, Beruf, Familie, Probleme (Krankheit etc.).
Wie sind die Leute? Wütend, ängstlich ...

Die Rollen
- Ein/e Autofahrer/in mit der Familie (zwei kleine Kinder)
  auf dem Weg in den Urlaub.
- Ein/e LKW-Fahrer/in mit einer Ladung italienischer
  Erdbeeren auf dem Weg nach Deutschland.
- Eine Frau/ein Mann, der/die direkt an der Autobahn
  wohnt.
- Ein/e Vertreter/in von Greenpeace.
- Ein/e Hotelbesitzer/in aus einem Urlaubsort in den
  Alpen.

Sammelt Wortschatz und Strukturen, die zu den Rollen passen.

*Ich bin dagegen, dass ... Ich finde es unmöglich ... ungerecht
Polizei Gefängnis genau richtig Man müsste ... Einerseits ...
andererseits Geld Umwelt Luft Arbeitsplatz*

Bereitet nun in Gruppen eure Rollen vor. Wählt dann Vertreter/innen für das Podium aus.

**Führt jetzt die Podiumsdiskussion. Am Ende stimmen die Zuhörer/innen ab: Wer hat am besten
diskutiert?**

18 Denkt ihr jetzt anders über die Greenpeace-Aktion als vor dem Rollenspiel?

D Müll vermeiden statt produzieren

19 Woraus besteht das? Woraus ist das? Beschreibt Dinge, die ihr im Klassenraum seht.

Holz · Metall · Leder · Stoff · Plastik · Glas   **Beispiel:** Die Stühle sind aus Holz und Metall.

20 Woraus besteht Müll?

21 Das alles findet man im Müll. „Entsorge" den Müll in die richtigen Container. Was bleibt übrig?

Dosen, Glasflaschen, Bananenschalen, faule Erdbeeren, alte Kleidungsstücke, kaputte Schuhe, leere Zahnpastatuben, Plastikflaschen, leere Batterien, leere Cornflakespackung/-schachtel, verwelkte Blumen, kaputte Blumenvase, Weihnachtsbäume, alte Zeitungen, Werbung, Kassetten, Disketten, Verpackungsmaterial, Papiertaschentücher, Plastikbeutel

22 Müll: Was habt ihr weggeworfen? Heute? Gestern? In der letzten Woche?

23 Wie ist das bei euch? Was wird wo gesammelt?

24 Einige Fakten zum Thema „Müll in Deutschland".

  – Jeder Deutsche produziert 350 Kilo Müll im Jahr.
  – Jeder Deutsche leert im Jahr 50 Getränkedosen. Das macht zusammen drei Milliarden Dosen.
  – Auf jeden Deutschen entfallen im Jahr 70 Kilo Verpackungsmüll.

 25 Müll vermeiden. Vier Jugendliche berichten, wie sie etwas für die Umwelt tun.

26 Das Lied „Raste an dieser Quelle" ist von Franz Hohler. Was ist schlecht für die Umwelt? Schreibt die Wörter heraus. Die dritte Strophe ist nur auf der Kassette.

Raste an dieser Quelle
und zieh behutsam deine Handbrems an!
Schau doch, von dieser Stelle
sieht man die ganze Autobahn!
Parke mit unserm Volvo
am besten rückwärts gegen jenen Baum!
Klapptisch und Campingstühle
nehm ich schon aus dem Kofferraum.
Den Gartengrill stell ich hier an den Hang.
Sei du nur still!
Hol schon den Büchsenöffner
und höre des Transistors Klang!

Schau, wie die Batterien
den Hähnchenspieß fein langsam rundum drehn!
Schön, wie die Kartonteller
auf unserem Wegwerftischtuch stehn!
Hei, wie die Büchse Fanta
aus ihrer Öffnung luft'gen Schaum versprüht!
Blas, Wind, damit die Kohle
nicht bloß so mühsam weiterglüht!
Wie wunderbar
schmeckt uns des Hähnchens Beinchen!
S ist nicht ganz gar …
Trotzdem – ein Schluck vom Weinchen,
damit ich nachher besser fahr!
…

27 Lest das Gedicht von Erich Fried und sprecht in der Klasse darüber. Was müsste man verändern?

Wer will,
dass die Welt so bleibt,
wie sie ist,
der will nicht,
dass sie bleibt.

E Grammatik: Passiv mit Modalverben, Satzverbindungen, *trotz, wegen* + Genitiv

28 Wiederholung: Schreibt den folgenden Satz im Passiv Präsens, Passiv Präteritum und Passiv Perfekt.

Die Menschen zerstören die Umwelt. → **Passiv Präsens:** Die Umwelt wird …

29 Diese Umwelttipps haben Schüler in einer Schülerzeitschrift veröffentlicht. Lest zuerst die linke Spalte.

- Batterien nicht in den Papierkorb werfen.
- Licht beim Verlassen des Zimmers ausschalten.
- Zeitungen immer zum Papiercontainer bringen.
- Glasflaschen nicht in den Hausmüll werfen.
- Wasser sparen.
…

- Batterien dürfen nicht in den Papierkorb geworfen werden.
- Das Licht sollte beim Verlassen des Zimmers …
- Zeitungen, Papier und Pappe sollten …
- Glasflaschen dürfen nicht …
- Wasser muss …
…

GR 30 Lies den ersten Satz in der rechten Spalte von Aufgabe 29 und die folgende Regel.

Regel Passiv mit Modalverben: Modalverb + Verb (Partizip Perfekt) + *werden* (Infinitiv).

31 Ergänze nun die Sätze in der rechten Spalte in Aufgabe 29. Kannst du die Liste weiterschreiben?

32 Ursachen und Konsequenzen: *weil – deshalb/deswegen*. Vergleicht die Sätze. Wo steht das Verb?

– Greenpeace blockierte die Autobahn. Es gab einen langen Stau. Der Verkehr musste auf die Bundesstraße umgeleitet werden.
– Weil Greenpeace die Autobahn blockierte, gab es einen langen Stau. Deswegen (deshalb) musste der Verkehr auf die Bundesstraße umgeleitet werden.

33 Verbinde jeweils die drei Sätze wie in Aufgabe 32 vorgegeben.

a In den Alpen gab es keine Industrie. / Die Region war sehr arm. / Viele Menschen wanderten aus.
b Die Böden waren nicht fruchtbar. / Die Bauern verdienten nicht viel. / Den Bauern ging es nicht gut.
c Viele Touristen kamen zum Skifahren. / Liftanlagen, Hotels und Straßen wurden gebaut. / Es gab Wohlstand für viele, aber auch neue Probleme.

34 Schreibe mithilfe der Textgrafik auf Seite 80 einen Text. Verwende dabei die Satzverbindungen.

GR 35 *Trotz* und *wegen*: Lies die Beispiele und ergänze die Regel.

Wegen der vielen Touristen gibt es in den Alpen Umweltprobleme.
Weil es viele Touristen gibt, gibt es in den Alpen Umweltprobleme.
Trotz des Protestes von Greenpeace änderte sich nichts.
Obwohl Greenpeace protestierte, änderte sich nichts.

Regel *weil / obwohl* + Verb; *trotz /wegen* + Nomen im Genitiv.

36 Ergänze die Sätze mit den Genitiv-Formen und schreibe sie zu Ende.

a Trotz … (der Regen) ging Sven … **b** Wegen … (der Regen) … **c** Wegen … (seine guten Noten) …
d Trotz… (seine guten Noten) … **e** Trotz … (der Lottogewinn) … **f** Wegen… (der Lottogewinn) …

A Matthias Reim: Verdammt, ich lieb dich

1 Zwei Fotos zum Thema „Liebe". Was fällt euch dazu ein?

2 In dem Lied von Matthias Reim kommen die folgenden Sätze vor. Was ist passiert?

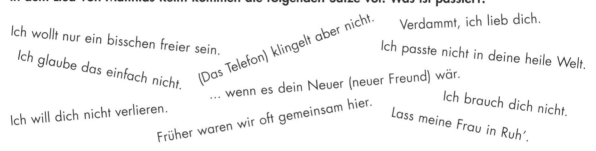

Ich wollt nur ein bisschen freier sein.   (Das Telefon) klingelt aber nicht.   Verdammt, ich lieb dich.

Ich glaube das einfach nicht.   Ich passte nicht in deine heile Welt.

... wenn es dein Neuer (neuer Freund) wär.

Ich will dich nicht verlieren.   Ich brauch dich nicht.

Früher waren wir oft gemeinsam hier.   Lass meine Frau in Ruh'.

Könnt ihr die Geschichte erzählen? Sammelt Ideen in der Klasse.
Was meint ihr: Ist das ein trauriges/fröhliches, ein schnelles/langsames Lied?

3 Hört das Lied. Welche Sätze habt ihr erkannt? Wo spielt die Szene?

4 Matthias Reim singt: „Ich mach ihn an." und „Hast du'n Stich?". Was bedeutet das?

5 Könnt ihr die Liebesgeschichte aufschreiben? Gebt den Personen Namen. Was genau ist passiert?
Wie könnte die Geschichte weitergehen?

B Zum ersten Mal verliebt

6 Den Text auf der nächsten Seite haben wir in der Jugendzeitschrift „Stafette" gefunden. Henning und Lena, Benedikt und Anne sind verliebt. Wer hat sich in wen verliebt? Wo ist es passiert?

7 Wenn jemand verliebt ist, verändert sich sein Verhalten. Ordne die Beispiele zu.

Verliebte ...

... werden verlegen.
... fangen an zu stammeln.
... reden Blödsinn.
... wissen nicht, wie sie sich verhalten sollen.
... sind nervös und unkonzentriert.
... sind aufgeregt.
... werden rot.
... haben zitternde Knie und feuchte Hände.
... haben Herzklopfen.

Das heißt zum Beispiel:

Sie haben manchmal Angst, dem anderen in die Augen zu schauen.

Sie sprechen undeutlich und brechen Sätze ab.

Sie haben das Gefühl, dass ihre Beine weich wie Butter sind.

Sie reden dummes Zeug.

...

8   Wie war das bei Lena und Benedikt? Was passt zu wem? Lies den Text und ordne die Symptome
     aus Aufgabe 7 zu. Was meinst du: Ist das Verhalten typisch für Verliebte?

DU + ICH = WIR

… legt er den Arm um Anne, und Anne hat nichts dagegen

Zum ersten Mal verliebt ♥

Wie Du's erkennst.

Der erste Schritt.

Deine Chancen.

Was Du unbedingt vermeiden solltest.

Kennst Du diese Anzeichen? Feuchte Hände, Herzklopfen, gerötete Wangen, man bringt keinen Ton heraus, zitternde Knie. Klingt, als wäre ei-
5 ne Grippe im Anzug. Es kann aber auch etwas ganz anderes dahinterstecken:
Du bist zum ersten Mal verliebt!
Da ist auf einmal alles ganz anders:
10 Du fühlst anders, erlebst alles viel intensiver, benimmst Dich vielleicht anders als sonst, denkst plötzlich an Dinge, die Dich vorher gar nicht interessiert haben.
15 Das Verliebtsein entwickelt sich bei manchen allmählich, bei anderen Knall auf Fall, sozusagen als „Liebe auf den ersten Blick".

Lena sah Henning ab und zu auf
20 dem Schulweg oder in der Pause, fand ihn ganz nett. Nach einer Weile achtete sie darauf, ob er im gleichen Bus saß und beobachtete ihn heimlich ein bißchen. Schließlich erwischte sie
25 sich dabei, daß sie immer öfter – auch zu Hause oder im Unterricht – an ihn dachte, sich in der Phantasie Gespräche und Begegnungen mit ihm ausmalte. Ab diesem Zeitpunkt wurde ihr
30 klar, daß sie sich in Henning verliebt hatte. Nicht klar war Lena aber, wie sie Kontakt aufnehmen konnte.

Bei Benedikt lief es etwas anders. Er lernte Anne auf einer langweiligen
35 Schulfeier kennen, kam durch Zufall mit ihr ins Gespräch und ... zack! war's passiert. Benedikt wurde plötzlich verlegen, fing an zu stammeln, merkte, daß er anfing, Blödsinn zu reden. Am
40 liebsten wollte er schnell abhauen, aber gleichzeitig dableiben. Er wußte einfach nicht mehr, wie er sich verhalten sollte.

Es ist also gar nicht so wichtig, wie Lena und Benedikt ihr Interesse 45 zeigen. Sie müssen nur den Mut aufbringen, überhaupt etwas zu tun, aktiv zu werden und in Kauf nehmen, daß es schiefgeht. Wer einigermaßen sensibel anderen gegenüber ist, merkt an 50 gewissen Signalen, die der andere aussendet, wie gut seine Chancen sind.

Stafette 1/94 (nach alter Rechtschreibnorm)

9 Wortschatz erschließen: Wie heißt das im Text?

Zeilen 10–18	Zeilen 19–32	Zeilen 33–44
– stärker erleben	– nach einiger Zeit	– ängstlich, unsicher
– langsam, kontinuierlich	– unbemerkt	– undeutlich sprechen
– plötzlich		– Unsinn, Absurdität
		– weggehen

 10 Hört die Kassette. Welche Äußerungen passen zu den Herzchen im Text unten? Kennt ihr andere Anzeichen?

11 Lies die Liste rechts und gib deinem Freund / deiner Freundin gute Ratschläge. Fallen euch noch mehr Tipps ein?

Am besten ihr geht an einen Ort, wo ihr allein seid.

Wie Du erkennst, ob Du Chancen hast:

♥ Er/Sie ist zufällig häufig an den gleichen Orten wie Du.

♥ Er/Sie wird verlegen, rot oder hektisch, wenn Du in der Nähe bist.

♥ Er/Sie legt es darauf an, daß Ihr beide allein im Klassenzimmer oder sonstwo zurückbleibt.

♥ Er/Sie fragt Dich häufiger als früher um Rat und Hilfe.

♥ Du bekommst kleine Geschenke oder Zettelchen von ihm/ihr.

♥ Er/Sie interessiert sich plötzlich für Deine Hobbys.

♥ Er/Sie ist ruppiger und unfreundlicher als früher zu Dir (kann ein Zeichen für Verliebtheit sein, muß aber nicht!).

Was Du bei der ersten Verabredung unbedingt vermeiden solltest:

STOP An einen Ort gehen, an dem Ihr nicht ungestört reden könnt: zum Stammtreff Deiner Clique, wo Euch alle beobachten, oder in eine laute Disko.

STOP Heiße Liebesschwüre und gleich totales Verständnis vom anderen erwarten: Da wirst Du sicher enttäuscht!

STOP Nur von Dir, Deinen Interessen, Deiner Familie und Deinen Freunden reden.

STOP Gleich mit der Tür ins Haus fallen: Sofort Händchen halten wollen und allen verkünden wollen, daß Ihr jetzt „ein Paar" seid.

STOP Dem neuen Freund oder der neuen Freundin von den anderen tollen Mädchen oder Typen vorschwärmen, mit denen Du schon gegangen bist.

STOP Dich unnatürlich und übertrieben anziehen oder benehmen.

C Liebesgedichte

Du bist min, ich bin din:
des solt du gewis sin.
du bist beslozzen
in minem herzen:
verlorn ist daz slüzzelin:
du muost immer drinne sin.

Anonymus, mittelhochdeutsch

Für die Welt bist Du
irgend jemand,
doch für irgend jemand
bist Du die Welt.

Monika, 17

Traum-Land

Ein Händchen haltendes Paar
im See.
Ein schlafender Mann wandert
am Horizont.
Funkelnde Sterne schwimmen
im Wasser.
Ein bellender Hund fliegt vorbei.
Die Welt
hat sich auf den Kopf gestellt.
Lachende Australier
grüßen das Abendland.

Lutz Rohrmann

Sprachschwierigkeiten

Wenn ich sie sehe,
denke ich:
Sie ist schöner als alle.

Wenn ich sie höre,
denke ich:
Die Stimme eines Engels!

Wenn ich an sie denke,
denke ich:
Wie klug ist sie doch!

Wenn ich mit ihr rede,
sage ich:
„Du hast einen Fleck auf der Bluse!"

Hans Manz

12 Vorschläge zur Arbeit mit den Gedichten.

1. Laut lesen.
2. Hören und Wörter notieren, an die ihr euch noch erinnert.
3. Auswendig lernen und vortragen.
4. Variieren (einzelne Wörter austauschen).
5. Das Gedicht weiterschreiben.
6. Ein eigenes Gedicht schreiben.
7. Ein Bild zu einem Gedicht malen.
8. Aus einem Gedicht eine Geschichte machen.
9. Über den Inhalt diskutieren.

D Grammatik: Partizip I und Indefinitpronomen

13 Eine Regel selbst entdecken: In dem Gedicht „Traum-Land" und in der Karikatur findest du Verben im Partizip I. Mache dir eine Tabelle im Heft: Infinitiv / Partizip I. Wie wird es gebildet? Wo steht es im Satz? Wozu wird es verwendet?

Es wird verwendet wie ...

14 Das Partizip I verwenden – die Adjektivendungen wiederholen. Setze die richtigen Verbformen ein.

weinen · sprechen · spielen · brüllen · tanzen

Gestern haben wir im Zirkus einen … Tiger gesehen. Ein … Clown brachte die Zuschauer zum Lachen. Der … Papagei „Lora" erzählte Witze. Nach der Pause kamen vier fußball… Elefanten. Bei den … Eisbären haben die Zuschauer am meisten applaudiert.

Schwitzende Hände, zitternde Knie, ein rasendes Herz – klarer Fall! … Wie heißt sie?

15 Indefinitpronomen – Wenn man nicht genau weiß, *wer?*, *was?* oder *wie viel?*

Aus dem Tagebuch von Frankenstein junior:

Niemand liebt mich, keiner findet mich schön, manche sagen sogar, dass ich hässlich bin, alle glauben, dass ich dumm bin, jeder versucht, mich zu belügen. Ich glaube sogar, dass einige mich hassen! Wenn ich jetzt nichts unternehme, geht alles schief!!! Es muss doch jemand geben, der mich mag!!! Ich muss etwas ändern – aber was?

Habt ihr einen Tipp für Frankenstein junior?

16 Beantworte die Fragen: Wer liebt Frankenstein? Wer findet ihn schön? Was geht schief?

GR **17 Ergänze in den Sprechblasen der folgenden Bildergeschichte die Indefinitpronomen.**

jemand
niemand

alle
keine/r/s

jede/r/s
manche/r/s
einige

etwas

alles
nichts

Lerntipp ▷ Indefinitpronomen in Paaren lernen.

18 Ordne die Situationen 1–6 den Äußerungen a–f zu und ergänze die Indefinitpronomen im Heft. Die Liste in Aufgabe 17 kann dir helfen.

① Typische Antwort in einer Mathestunde auf die Frage, was verstanden wurde.
② Jemand will telefonieren und hat kein Kleingeld.
③ Eine Schülerin will wissen, ob ihre Freundin Informationen über den nächsten Test hat.
④ Schlechte Nachricht auf dem Campingplatz nach einem Gewitter.
⑤ Unglücklicher Deutschlehrer nach der Korrektur einer Klassenarbeit.
⑥ Enttäuschende Auskunft am Bahnhof.

ⓐ Kann mir j... eine Mark leihen?

ⓑ Bei m... Arbeiten habe ich Bauchschmerzen bekommen.

ⓒ Heute kommt k... mehr.

ⓓ N...!

ⓔ Und, hast du e... erfahren?

ⓕ A... ist nass!

E Liebesbriefe schreiben

19 Ordne die Zeilen. Was schreibt Anne an Marco?

Ich muss jetzt noch lachen, wenn ich daran denke, wie dein Fahrradschlauch platzte und du fast vom Fahrrad gefallen bist. Du hättest dein Gesicht sehen sollen!

Besonders schön fand ich die Fahrradtour mit dir am Rhein.

Ich hoffe, dass du nächste Woche viel Zeit für mich hast.

Am Samstag läuft im Kino ein toller Film. Kommst du mit?

Es war himmlisch mit dir.

Ich vermisse dich!!

Deine Anne

Ich sitze an meinem Schreibtisch und denke über das vergangene Wochenende nach.

Hallo Marco

20 Früher hat man Briefe schreiben lassen. Schaue die Bilder an und schreibe den Brief.

Hägar der Schreckliche Von Dik Browne

21 Wie endet die Geschichte?

22 Einen Text gemeinsam weiterschreiben. Arbeitet in Gruppen.

zuerst	dann	zum Schluss	obwohl	weil	denn	und

Martina wartete schon seit Tagen auf eine Nachricht von ihrem neuen Freund Markus. Sie hatte ihn vor einer Woche in der Disco kennen gelernt. Dann endlich: Ein Brief von Markus. Schnell öffnete sie ihn …

A Politik

1 Worum geht es? Was wisst ihr schon? Sammelt Wortschatz zu diesen Politikfeldern.

Außenpolitik · Innenpolitik · Schulpolitik · Kulturpolitik · Energiepolitik · Verkehrspolitik · Wirtschaftspolitik

In der Außenpolitik geht es um die Beziehungen zu anderen Ländern.

Die Innenpolitik beschäftigt sich mit ...

Bei der Schulpolitik ...

2 Politik in der Zeitung. Welcher Textausschnitt gehört zu welchem Politikfeld? Was hat dir bei der Zuordnung geholfen?

① ...wd) – Die *IBM Deutschland GmbH Informationssysteme GmbH, Stuttgart*, stellt bis Ende 1998 in den Dienstleistungsbereichen rund 1500 neue Mitarbeiter ein. In diesem Jahr werden es rund 700 und im nächsten Jahr rund 800 sein, bestätigte die IBM Deutschland Informationssysteme GmbH auf Anfrage. Im Dienstleistungsbereich beschäftige IBM Informationssysteme derzeit rund 9000 Mitarbeiter. Dieser Bereich sei mit plus 16 Prozent schneller gewachsen als der Markt.

② Bedeutung zuzumessen". Weil jedes Jahr zehn Prozent der Schüler ihre Schule ohne Abschluss verließen, müsse die Bundesanstalt für Arbeit jeweils für zehntausende von Jugendlichen Förderlehrgänge veranstalten. Dies koste fast eine halbe Milliarde Mark. Es sei „wirklich nicht Aufgabe der Bundesanstalt für Arbeit, Versäumnisse der Bildungspolitik in den Ländern wettzumachen", sagte Kohl.

Die Gewerkschaft Erziehung und Wissenschaft (GEW) nannte die Äußerungen „puren Opportunismus". Wenn die Länder die Schulen mangelhaft ausstatteten, sei dies wesentlich der Wirtschafts- und Finanzpolitik der Bundesregierung zu danken. *(dpa)*

③ Bundeskanzler Kohl hat gestern zum Auftakt seines Besuchs in Kiew dem ukrainischen Präsidenten Leonid Kutschma weitere Unterstützung für den Reformprozess in der ehemaligen Sowjetrepublik versprochen. Nach Angaben aus deutschen Regierungskreisen verband Kohl dies aber nicht mit neuen finanziellen Zusagen. Kohl sagte, sein zweiter offizieller Besuch sei eine Demonstration für eine unabhängige und stabile Ukraine. Er unterstrich sein Interesse

④ ...Energie. In Deutschland wird jedoch vonseiten der Industrie die Nutzung der Solarenergie verschlafen. Diese Energie wird sich durchsetzen, aber Anbieter in anderen Ländern werden einen Vorsprung haben. Das ist ein ökonomisches Problem, kein ökologisches. Ich glaube auch, dass sich solare Energieprojekte vor allem in Ländern aufbauen lassen, wo es noch keine Versorgungs-Infrastruktur, die bei uns mit viel Geld geschaffen wurde, gibt. Wir sind aber erst am Anfang der technischen Entwicklung mit ungeheuren Möglichkeiten. Ein 5000stel der Sonneneinstrahlung reicht, um zehn Milliarden Menschen mit Energie zu versorgen.

⑤ ...Umweltpolitik der Landesregierung kritisiert. Ihr fehle ein Zukunftskonzept, Mittelkürzungen um 30 Prozent innerhalb eines Jahres seien ein „deutliches Zeichen für den Ausstieg des Landes aus der Zukunftsvorsorge", heißt es in einer Mitteilung des Naturschutz-Verbandes.

Die rot-grüne Landesregierung gebe den Naturschutzpreis, um Wirtschaft und Verkehr als „scheinbar standortsichernde" Bereiche zu stärken. Aufgrund der Mittelkurzungen sieht der Naturschutzbund das Biosphärenreservat Rhön und den geplanten Nationalpark Kellerwald in Gefahr. Ohne ausreichende Gelder seien beide Projekte lediglich „Hülsen ohne Inhalt".

Anzeige

Möbel Bolte
Kompetent für schönes Wohnen
VELLMAR, B7, Abfahrt Stadtmitte/OT Obervellmar mit der Filiale Rotenburg/Fulda

⑥ ...Die Bundesregierung will den Anteil des Fahrrads im Verkehr als attraktive und umweltfreundliche Alternative zum Auto deutlich steigern helfen. Das sagte der Parlamentarische Staatssekretär im Bundesverkehrsministerium, Manfred Carsten, am Mittwoch in Friedrichshafen zur Eröffnung der internationalen Fahrradmesse Eurobike. Er verwies auf das Beispiel Niederlande, wo bereits ein Drittel aller Fahrten mit dem Fahrrad vorgenommen würden. In Deutschland sei es jede zehnte Fahrt.

Carsten nannte neue Straßenverkehrsvorschriften, die derzeit in seinem Ministerium

3   Ist Politik für dich wichtig? Lies die Aussagen und höre die Umfrage. Was trifft für dich zu?

■   Ich gucke mir manchmal die Nachrichten im Fernsehen an, aber sonst interessiere ich mich nicht für Politik.

■   Die da oben machen doch, was sie wollen. Da lohnt sich das Engagement nicht.

■   Jede Gesellschaft hat die Politiker, die sie verdient.

■   Wer sich nicht engagiert, hat auch kein Recht zu kritisieren.

■   Politik ist wichtig für alle. Wir müssen alle Verantwortung übernehmen und aktiv in der Gesellschaft mitarbeiten.

4   Projekt: Schüler lesen die Zeitung.
Schüler haben eine Umfrage zum Thema Politik an ihrer Schule gemacht und die Ergebnisse im Rahmen eines Projekts in einer Tageszeitung veröffentlicht.
In welcher Reihenfolge werden die Fragen a–i im Text beantwortet?

a Interessierst du dich für Politik?
b Bist du eher links oder rechts?
c Was willst du politisch ändern?
d Welche Politiker findest du gut?
e Welche Partei würdest du wählen?

f Wie viele Parteien sind im Bundestag vertreten?
g Wie heißt der Oberbürgermeister?
h Soll das Wahlalter auf unter 18 gesenkt werden?
i Zu welcher Partei gehört der Oberbürgermeister?

Umfrage: Das jugendliche Herz schlägt kräftig grün

Fast 43% der Jugendlichen wollen den Grünen später – als Erstwähler – ihre Stimme geben. Dies ergab eine Umfrage unter mehr als 100 Schülern.

Kassel. Jugendliche sind nicht an Politik desinteressiert, sie denken durchaus darüber nach. Doch ihnen fehlt das Hintergrundwissen. Dies ergab eine Umfrage unter mehr als 100 Jugendlichen aus drei Kasseler Schulen. Die Ergebnisse im Einzelnen: 40,7% aller Befragten äußerten Interesse am politischen Geschehen, 27,8 Prozent sagten, ihr Interesse sei mittelgroß, 31,5 Prozent gaben „kein Interesse" an. Nur fünf Prozent wollen das Wahlalter auf unter 18 Jahre senken. Doch lediglich 56,7 Prozent der Jugendlichen wissen, wie viele Parteien im Bundestag vertreten sind. Bei der lokalen Politik ist das Unwissen nicht ganz so stark: 77,4 Prozent konnten den Namen des Kasseler Oberbürgermeisters nennen und

wussten, welcher Partei er angehört. Die meisten Befragten schätzen sich selbst als politisch neutral ein, immerhin 3,4 Prozent der Jugendlichen stufen sich links ein. Nur einer behauptete von sich, er sei rechts. Auf die Frage, was sie politisch ändern wollen, antworteten die meisten Befragten: die Umwelt-, bzw. die Atompolitik, dicht gefolgt von Forderungen nach härteren Schritten gegen die Ausländerfeindlichkeit und für gerechtere Steuern.

Was die Jugendlichen später als Erstwähler auf dem Wahlzettel ankreuzen, wissen fast alle genau: 42,9 Prozent wollen den Grünen ihre Stimme geben, 13,3 Prozent der CDU, 10,4 Prozent der SPD. Doch knapp 25 Prozent wollen überhaupt nicht zur Wahl gehen. Die PDS scheint unter den Jugendlichen zur Protestpartei Nummer eins zu avancieren: 13,5 Prozent würden hier ihr Kreuzchen machen. Unter den Politikern genießen Joschka Fischer und Antje Vollmer von den Grünen die meiste Sympathie.

Caren Rother, Alexander Stein, Dominik Malolespsy, Klasse G10a, Heinrich-Schütz-Schule

5   Ergänze die Aussagen mit Informationen aus dem Text.

a Mehr als 40% der Jugendlichen wollen später …
b Es ist erstaunlich, dass fast ein Drittel der Jugendlichen sich nicht …
c Ungefähr die Hälfte kennt die Zahl …

d Drei Viertel wussten, wie der …
e Das größte Problem für die Schüler ist die …
f Ein Viertel der Schüler hat keine Lust …
g An der Spitze der Sympathie stehen …

6   Eine Statistik in der Klasse machen. Stellt die Fragen aus Aufgabe 4 in eurer Klasse.
Welche Fragen würdet ihr noch stellen? Wie ist das Ergebnis?

B Politik ist Männersache – oder etwa nicht?

7 Lies die Statistik und ergänze:

> Die Statistik zeigt, dass ...

Anteil der weiblichen **Abgeordneten** nach der **Wahl 1994:**		
Partei	Männer	Frauen
CDU/CSU	253	41
SPD	167	85
BÜNDNIS 90/DIE GRÜNEN	20	29
FDP	39	8
PDS	17	13
	496	176 = 35,48%

Quelle: Bundespresseamt, Stand: 10. November 1994

8 Was wisst ihr über den Anteil der Frauen in der Politik in eurem Land?

9 Lies, was die Politikerinnen sagen und fasse jede Aussage in einem Satz zusammen. Probleme? Aufgabe10 ist einfacher.

WARUM SOLLTEN SICH FRAUEN POLITISCH ENGAGIEREN?

Angela Marquardt, 24

PDS, Mitglied des Bundesvorstandes

„Meine Erfahrungen in der DDR und in der Bundesrepublik haben mir gezeigt, daß es stets sinnvoller ist, seine Interessen selbst zu vertreten, als zu hoffen, irgendeine oder einer der vielen Stellvertreterinnen und Stellvertreter würde dies übernehmen. Das trifft für Junge und Alte, für Frauen und Männer gleichermaßen zu."

Hildegard Müller, 29

Junge Union Deutschlands, Mitglied im Bundesvorstand

„Politik muß weiblicher werden, meckern allein nützt da nichts. Frauen, beteiligt euch, denn es ist schließlich unsere Zukunft, über die heute fast nur Männer entscheiden!"

Anja Engelmohr, 17

Grün-Alternatives Jugendbündnis, Mitglied im Bundesvorstand

„Politik wird bisher leider noch weitgehend von den Herren in den grauen Anzügen bestimmt. Demokratie funktioniert aber nur dann, wenn Frauen gleichermaßen an der Gestaltung der Lebensbedingungen mitwirken. Gerade junge Frauen sollen durch politischen Einfluß ihre Zukunft selbst gestalten."

Maja Schmidt, 21

Junge Liberale, Mitglied des Bundesvorstandes der FDP

„Damit Politik nicht verkalkt und wir uns in Zukunft nicht mehr von über 50jährigen Männern regieren lassen müssen, sollten vor allem junge Frauen den Mut und die Lust finden, alte Rollenklischees mitsamt der angeblich weiblichen Zurückhaltung abzulegen und anfangen, aktiv für sich, ihre Rechte und für eine Welt, in der sie leben wollen, zu kämpfen."

10 Ordne a–d den Aussagen der Politikerinnen zu.

a Die Frauen dürfen sich nicht nur beschweren, sie müssen aktiv mitmachen.
b Die Frauen sollten nicht so bescheiden sein.
c Es gibt in der Politik zu viele Männer. Wir brauchen mehr junge Frauen in der Politik.
d Alle Menschen sollten versuchen, ihre Interessen selbst zu vertreten.

11 Was wäre, wenn es mehr Frauen in der Politik gäbe? Würde sich etwas ändern? In welchen Bereichen? Diskutiert zuerst in Gruppen und dann in der Klasse.

C Politische Institutionen in Deutschland – Was man weiß oder wissen sollte.

12 Formuliert Fragen wie in den Beispielen.

- Wie viele Parteien sind im Parlament?
- Gibt es einen Präsidenten?
- Wie alt muss man sein, um wählen zu dürfen?
- …

13 Verteilt die Fragen in der Klasse. Welche Fragen werden in den Informationstexten beantwortet? Welche Fragen bleiben offen? Wie könnt ihr euch die Informationen beschaffen?

Der **Bundestag,** das deutsche Parlament, berät und beschließt Gesetze. Er wählt den Bundeskanzler. 1997 hatten die Parteien CDU/CSU und FDP zusammen eine Mehrheit. Sie konnten den Bundeskanzler wählen. SPD und BÜNDNIS 90/DIE GRÜNEN und PDS waren in der Opposition.

Der **Bundeskanzler** wird von der Mehrheit im Parlament gewählt. Er bildet die **Regierung,** das heißt, er sucht die Minister aus. Er bestimmt die Richtlinien der Politik.

Im **Bundesrat** sitzen die Vertreter der 16 deutschen Bundesländer. Viele Gesetze können ohne ihre Zustimmung nicht gemacht werden. Die Bundesrepublik ist ein föderaler Staat. Die Bundesländer bestimmen die Bundespolitik mit.

Der **Bundespräsident** hat, anders als z. B. die Präsidenten Frankreichs und der USA, keine Macht. Er repräsentiert den Staat, kann aber keine politischen Entscheidungen treffen.

Das **Bundesverfassungsgericht** ist das oberste Gericht in Deutschland. Es prüft z. B., ob die Gesetze, die das Parlament gemacht hat, mit dem „Grundgesetz" (der Verfassung) übereinstimmen. Es ist unabhängig von Parlament und Regierung.

14 Politikquiz: Wer ist wer?

- a   … führt die Regierung.
- b   … muss manchmal entscheiden, ob ein Gesetz legal ist.
- c   … sitzt im Parlament, aber unterstützt den Bundeskanzler nicht.
- d   … sind Parteien, die 1997 die Regierung bildeten.
- e   … müssen bei vielen Gesetzen zustimmen.
- f   … hat weniger Macht als viele seiner ausländischen Kollegen.
- g   … kann Gesetze beschließen.
- h   … kontrolliert die Gesetze, die das Parlament beschließt.

15 Könnt ihr ein Politikquiz für euer eigenes Land schreiben?

16 Diese Parteien saßen 1997 im deutschen Parlament. Welche Parteien kennst du aus deinem Land? Kannst du sie auch kurz beschreiben wie in den Beispielen auf Seite 96?

CDU/CSU Die Christlich Demokratische Union (in Bayern Christlich Soziale Union) war zwischen 1994 und 1998 die größte Partei im deutschen Bundestag. Bekannte Politiker der CDU/CSU sind die Bundeskanzler Adenauer und Kohl.

SPD Die Sozialdemokratische Partei Deutschlands ist die älteste deutsche Partei. Sie wurde vor mehr als 130 Jahren als Arbeiterpartei gegründet. Ihr bekanntester Politiker nach 1945 ist Willi Brandt.

BÜNDNIS 90/DIE GRÜNEN Die jüngste deutsche Partei entstand in den 70er Jahren aus der Umweltbewegung und aus den Bürgerinitiativen. Ihr wichtigstes Ziel ist eine bessere Umweltpolitik.

PDS Die Partei des Demokratischen Sozialismus ist die Nachfolgerin der SED, das war die Regierungspartei der ehemaligen DDR.

FDP Die Freie Demokratische Partei hat eine liberale Tradition. Sie war in der Geschichte der Bundesrepublik fast immer an den Regierungen beteiligt.

D Grammatik: Konjunktiv I, *um ... zu/damit*

17 Lies den folgenden Text.

In den Nachrichten und in der Zeitung steht oft, was die Politiker gesagt, gedacht, gemeint haben. Wenn man berichtet, was andere gesagt haben, dann wird in geschriebenen Texten häufig der Konjunktiv I oder Konjunktiv II benutzt. In der gesprochenen Sprache ist der Konjunktiv I selten.

18 Vergleiche die Beispiele in der Tabelle.

Das wurde gesagt (wörtliche Rede):	**So steht es oft in der Zeitung (Konjunktiv I oder II):**	**So erzählt man es weiter:**
○ Ich habe das nicht gewusst.	Er sagte, er habe das nicht gewusst.	Er hat gesagt, dass er das nicht gewusst hat.
○ Das ist zu gefährlich.	Sie meinte, das sei zu gefährlich.	Sie meint, dass das zu gefährlich ist.
○ Wir können das nicht tun.	Sie behaupteten, sie könnten das nicht tun.	Sie behaupteten, dass sie das nicht tun können.

19 Diese Formen des Konjunktivs I findest du oft in Texten. Kannst du eine Regel erkennen?

... er/sie/es/man	... **sei**	... hab-**e**	... könn-**e**
... sie (Pl)/Sie	sei-**e-n**	hab-**e-n**	könn-**e-n**

20 Wenn Verbformen im Indikativ und im Konjunktiv I identisch sind, benutzt man den Konjunktiv II.

„Wir **können** nicht kommen." (Indikativ)
Sie sagten, sie **können** nicht kommen. (Konjunktiv I)
Sie sagten, sie **könnten** nicht kommen. (Konjunktiv II)

21 Übungen selbst machen: „3-er Drill"

Schüler 1 (wörtliche Rede):   Ich habe die Hausaufgaben gemacht.
Schüler 2 (Konjunktiv I):   Er sagt, er habe die Hausaufgaben gemacht.
Schüler 3 (Konjunktiv II):   Er sagt, er hätte die Hausaufgaben gemacht.

22 Den Konjunktiv erkennen: Sätze, in denen der Konjunktiv I vorkommt, werden oft mit bestimmten Verben eingeleitet, z.B.: *sagen, meinen, betonen, erwidern, bestätigen, versichern.* **Findet die Formen in den Zeitungstexten auf Seite 92 und schreibt die Beispiele ins Heft.**

23 Wiederholung: Gründe und Ziele. Du hast schon einige Möglichkeiten kennen gelernt, Gründe und Ziele auszudrücken. Schreibe den folgenden Satz mit *weil, denn, um ... zu, deshalb.*

Ich schütze die Umwelt. Ich will eine bessere Welt.

24 Ziele ausdrücken mit *damit.*

Beispiele:
* Viele Jugendliche wählen die grüne Partei, damit die Umwelt besser geschützt wird.
* Ich bin politisch aktiv, damit sich endlich etwas ändert.
* Die Lehrerin muss deutlich sprechen, damit wir sie verstehen können.
* Ein Steak sollte nur kurz gebraten werden, damit es saftig bleibt.

25 Wozu haben Giraffen lange Hälse? Was passt zusammen?

Giraffen haben lange Hälse,   damit sie beim Essen nicht quietscht.
Bananen sind gelb,   damit sie besser fernsehen können.
Butter enthält Fett,   damit man sie von Tomaten unterscheiden kann.

26 Schreibe ganze Sätze mit den folgenden Satzanfängen.

a Erbeeren sind rot, damit … **b** Autos haben vier Räder, damit … **c** Lehrer geben oft Hausaufgaben auf, damit … **d** Spaghetti sind lang und dünn, …

27 Kurzreden vorbereiten und halten: „Fünfsatzrede"

In einem Ratgeber für Rhetorik haben wir diese Anleitung zum Trainieren von kurzen Reden gefunden.

> **Der erste Satz**
> nennt ein Problem oder eine Behauptung, z.B.:
> 1. Der starke Autoverkehr in unserem Wohnviertel ist ein großes Problem.
> Dann folgen
> **drei Beispiele**
> für das Problem oder die Behauptung:
> 2. Die Autos machen Lärm.
> 3. Sie verpesten die Luft.
> 4. Vor allem gefährden sie die Kinder.
> **Der Schlusssatz**
> ist eine Forderung oder ein Lösungsvorschlag:
> 5. Deswegen sollte man endlich mit dem Bau einer Umgehungsstraße beginnen.

28 Die Rede auf der Kassette hat ein Lehrer gehalten. Hört zu. Wie heißt der letzte Satz?

29 Könnt ihr eine Gegenrede formulieren?

30 Arbeitet in Gruppen. Findet ein Thema und haltet selbst kurze Reden.

A Computer, Schulen und Projekte

1 Klassenumfrage: Wer arbeitet zu Hause oder in der Schule mit dem Computer?
Was macht ihr damit?

2 Schaut euch die Abbildungen an. Wozu können Schüler Computer nutzen?

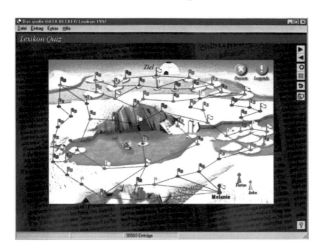

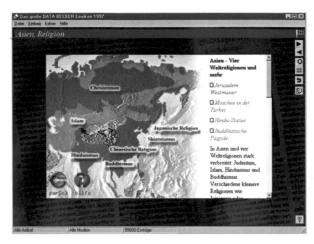

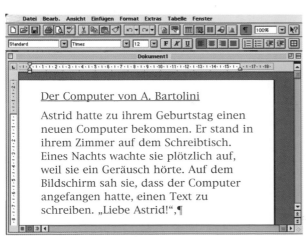

 3 Hört die Kassette. Zu welchen Bildschirmen passen die Aufnahmen?

4 Ein internationales Kommunikationsprojekt – Lies den Text und beantworte die W-Fragen: Wer? Wo? Wann? Worüber?

5 Diskussion in der Klasse: Briefe mit E-Mail – Briefe mit der Post. Was sind Vor- und Nachteile?

6 Die Sprachen in dem Projekt waren Englisch und Deutsch. Im Internet und in Computerbüchern gibt es viele englische Wörter. Lehrer und Schüler haben sich auch im Internet bei Problemen mit Vokabeln geholfen. Wir haben den Brief an Mario gefunden. Welche Wörter kennt ihr? Welche Wörter sind in Deutsch und Englisch ähnlich? Gibt es eine Übersetzung in eure Sprache?

Das transatlantische Klassenzimmer

In einem Projekt, das zum ersten Mal im Schuljahr 1995/96 stattfand, nahmen Schüler und Lehrer aus Hamburger und Chicagoer Schulen Kontakt auf. Zuerst schrieben sie kurze Briefe am Computer und stellten sich vor. Später schrieben sie im Computer-Netz über viele Themen, die alle Jugendliche interessierten: über Umweltprobleme, über Berufe und über den Alltag von Jugendlichen in Deutschland und in Amerika.

Und so funktionierte das Projekt: Schüler tippten ihre Texte in den Computer. Über das Internet konnten dann alle anderen Teilnehmer des Netzes die Texte sehen und dazu Stellung nehmen, das heißt ihre eigene Meinung äußern. Manchmal saßen Schüler gleichzeitig am Computer. Dann konnten sie direkt antworten, das heißt richtig diskutieren. Manchmal dauerte es aber auch länger, bis man eine Antwort bekam. Spaß gemacht hat es allen. Sie freuten sich jedes Mal auf die Reaktionen anderer Schüler auf ihre Texte. Zum Schluss fassten sie ihre Texte in einem „transatlantischen, elektronischen" Buch zusammen.

Date: Tue, 17 Sep 1996 13:43:15 +0200
Message-Id: <9609171143.AA32638@ccg.us>
X-Sender: Lima@pop-hopla.ccg.us
X-Mailer: Windows Eudora Version 1.4.3
Mime-Version: 1.0
Content-Type: text/plain; charset="us-ascii"o

Lieber Mario, hier noch ein paar „Computer-Wörter" auf Englisch und Deutsch:

copy	kopieren
display	zeigen, der Bildschirm
format	formatieren, den Text vor dem Ausdrucken in eine gute Form bringen
printer	der Drucker
software	Programme für den Computer

der Bildschirm

das Disketten-Laufwerk

die Maus

der Rechner / der Computer

das CD-ROM-Laufwerk

der Lautsprecher

die Tastatur / das Keyboard

7 In einem Schul-Zeitungsprojekt hat Dominik über Computer geschrieben. Diese Wörter kommen in dem Text vor. Schreibt zu jedem Wort eine Aussage und vergleicht danach mit dem Text auf S. 100.

Spiele · Mädchen · Zukunft · Berufsleben · Nachteile

COMPUTER – Das Zeitalter fängt erst an

Im Berufsleben wird fast nur noch mit Computern gearbeitet. Diese braucht man zum Beispiel, um Akten zu ordnen oder um Zeichnungen und Schriftstücke herstellen zu können. Man kann fast alles damit erledigen, zum Beispiel kann man über das Internet an Vorlesungen in Oxford teilnehmen oder den Kontostand von zu Hause über den PC abfragen. Die Nachteile der Computer sind: Kinder können leicht mit diversen Spielen den Bezug zur Umwelt und zur Realität verlieren. Eine Umfrage ergab, dass sehr viele Leute einen Computer besitzen. Die Gründe dafür sind u. a. fallende Preise. Ein guter Computer aus einem Fachgeschäft kostet nicht mehr als etwa 1800 DM. Die meisten Erwachsenen benutzen ihren PC, um zu arbeiten. Die am meisten benutzten Arbeitsprogramme sind *Winword*, *Access*, *Excel* und *Corel Draw*. […]

Kinder spielen
Auch sehr viele Kinder und Jugendliche haben einen Computer zu Hause, sie arbeiten weniger mit dem PC, sondern spielen lieber. Dennoch gibt es Leute, die einen Computer als nutzlos betrachten. Meistens sind dies ältere Leute und einige Mädchen, die sich einfach nicht für Computer begeistern können und wollen. Sie sehen in der Hightech-Welt keinen Sinn.

Aber sind wir mal ehrlich, die Computer vereinfachen uns das Leben. Sie werden immer weiter entwickelt und werden immer mehr leisten können. Computer werden in der Zukunft den gleichen Stellenwert haben wie Autos. Jeder hat sie, jeder braucht sie. Das Computerzeitalter hat erst begonnen.

Dominik Hertmann, Klasse 9c, Friedrich-Wöhler-Schule, Kassel

8 Thema „Computer": Sammelt und notiert Erfahrungen, Vorteile und Probleme. Diskutiert dann in der Klasse.

9 Dominik schreibt: Mädchen haben kein Interesse an Computern. Stimmt das?

B Texte planen und schreiben

10 Hier sind Ausschnitte aus Schülerbriefen aus dem Netz. Worüber schreiben sie?

```
Supj: Re: COMPUTERSPRACHE
Date: 95-09-06 04:05:06 ENT
From: whirsch@INSPIRE.OSP.WEDNET.EDU (Wolfgang Hirsch)
Sender: AATG%INDYCMS. BITNET@uga.cc.uga.edu (American Association of Teachers of
German)
  eply-to: AATG%INDYCMS.BITNET@uga.cc.uga edu (American Association of Tea
of German)
To: AATG%INDYCMS.BITNET@.cc.uga.edu (Multip
Mir fallen zur Computersprache noch ein pa

computer = der Rechner
the use of computers = elektronische Daten
to save = speichern
bold = fett
to bold = fett drucken
to delete = loeschen
```

```
X-From: Ralph.und.Mathias@Mich-GYM-M.bsn.by.schule.de
(Ralph und Mathias)
Sender: GateServer@bsn.by.schule.de
To: Deutschmcs@aol.corn

Hallo Paul,
wir heissen Ralph Heinz und Mathias Schmid und gehen auf das
Michaeli-Gymnasium in Muenchen. Unsere Schule ist sehr gross
(ueber 800 Schüler) Ralph hat zwei Brüder (Peter: 13; Wolfgang: 9).
           Schwester (Steffi 12).
           ntennis beim TSV (Turn- und Sportverein)
```

```
Hallo Sila und Astrid!
  I hope you don't mind if I write in English fo
while ... I will go back to German later. To answ
your questions:
We don't have many parties at my house, except t
such things as Birthdays or summer vacation
My last party was back in December, just
  I have a few hobbies: I love
mess around on my computer
watch plays and
```

```
Liebe Leute, hat jemand die Lösung
für die Aufgabe 29 in sowieso 3,
S.19? Ich weiss nicht, was ich
schreiben soll.
```

11 In *sowieso 2* habt ihr systematisch das Schreiben geübt. Was habt ihr im Deutschunterricht geschrieben? Was hat gut geklappt? Womit hattet ihr Probleme? Wer hat eure Texte gelesen?

12 Im Arbeitsbuch von *sowieso 2* (S. 96–102) haben wir euch Tipps zum Thema Schreiben gegeben. Welche Ideen habt ihr ausprobiert?

Lerntipps

Gut schreiben heißt auch verändern.

Nimm dir genügend Zeit für das Korrigieren.

Plane zuerst: Ideen notieren, Ideen sortieren.

Ein guter Schreiber plant seinen Text.

13 Diskutiert in der Klasse: Was ist für euch am wichtigsten, wenn ihr einen Text plant? Wie schreibt ihr?

a Ich arbeite gern zu zweit, dann geht es schneller und macht mehr Spaß.
b Ich brauche Ruhe beim Schreiben, um nachdenken zu können.
c Ich schreibe einfach los und korrigiere später, das geht am schnellsten.
d Ich …

14 Schreibtraining – Kurztexte mit fünf Sätzen.

a Wähle ein Thema.

Mein Hobby · Mein Land · Meine Stadt · Meine Schule ·
Meine Klasse · Ein Umweltproblem

b Mache eine kurze Stichwortliste.

Mein Zimmer / zu klein / Möbel / kein
Platz für Freunde / umziehen

c Formuliere den Text.

Ich habe ein Problem mit meinem Zimmer. Es ist eigentlich viel zu klein für mich.
Außerdem sind die Möbel alt und nicht sehr praktisch. Wenn mich Freunde besuchen,
haben wir keinen Platz zum Sitzen. Am liebsten würde ich schon morgen umziehen.

d Kontrolliere das Ergebnis.

C Grammatik und Wortschatz

15 Prowörter – Wörter, die Sätze verbinden. Notiere: Welche Wörter verbinden die Sätze im Text rechts?

Sieben Sätze

Klaus sucht einen Freund.
Klaus will mit ihm in die Ferien fahren.

Klaus gibt eine Anzeige auf.
Klaus hofft, dass er bald eine Antwort
bekommt.

Die Ferien fangen bald an.
Klaus ist schon ziemlich unruhig.
Grund: Er will nicht gern alleine fahren.

Ein Text

Klaus sucht einen Freund, mit dem er zusammen
in die Ferien fahren will.

Deshalb gibt er eine Anzeige auf und hofft, dass
er bald eine Antwort bekommt.

Die Ferien fangen bald an und Klaus ist schon
ziemlich unruhig, denn er will auf keinen Fall
alleine fahren.

16 Verbinde die folgenden Sätze zu einem Text.

In der 9. Klasse machen viele deutsche Schüler ein Praktikum.
Daniel hat ein Praktikum gemacht.

Er hat das Praktikum in einer Autowerkstatt gemacht.
Er interessiert sich sehr für Autos.

Die Arbeit war nicht leicht.
Er war abends oft sehr müde.
Er ist sicher, dass er später nicht in einer Autowerkstatt arbeiten will.

17 Satzanfänge. Vergleicht die unterstrichenen Wörter und die Kommentare.

a Oft habe ich richtig Lust zu schreiben.

b Dann setze ich mich an meinen Schreibtisch, schalte das Radio ein und öffne
   meinen Füller.

c Aber manchmal werde ich leider gestört,
   weil meine Mutter wieder mal findet,
   dass ich aufräumen soll.

d Sie lässt mich aber in Ruhe, wenn sie
   sieht, dass ich schreibe.

oft, dann: Danach kommt das Verb.
habe ... Lust ...: Danach steht *zu* und ein Verb
im Infinitiv.

aber: Danach kommt ein Hauptsatz.
weil, dass: Danach kommt ein Nebensatz.
Das Verb steht am Ende.
sie: Das ist ein Pronomen. Wer „sie" ist, steht
vorher im Text.

18 Finde ähnliche Wörter in dem Zeitungstext.

Zum Glück ein Unfall

Nur wegen eines Verkehrsunfalls ist eine Frau aus Ulm noch am Leben. Ihr war beim Abendessen eine Fischgräte im Hals stecken geblieben. Ihr Sohn raste sofort mit ihr ins Krankenhaus. Weil der zu schnell war, kam er von der Straße ab und fuhr gegen eine Verkehrsinsel. In diesem Moment löste sich die Fischgräte im Hals der Mutter und sie bekam wieder Luft. Der Wagen war allerdings total demoliert. **ljr**

19 Ein Schreibspiel: „Astrid und ihr Computer." Teilt die Klasse in Gruppen.
   Ein/e Schreiber/in aus jeder Gruppe schreibt die folgenden Wörter auf Kärtchen:

zuerst · denn · weil · aber · deswegen · obwohl · und · zuletzt

So beginnt der Text:

> Astrid hatte zu ihrem Geburtstag einen
> neuen Computer bekommen. Er stand in
> ihrem Zimmer auf dem Schreibtisch. Eines
> Nachts wachte sie plötzlich auf, weil sie ein
> Geräusch hörte. Auf dem Bildschirm sah
> sie, dass der Computer angefangen hatte,
> einen Text zu schreiben ...

**Schreibt die Geschichte weiter. Baut jedes Wort
von den Kärtchen mindestens einmal in die
Geschichte ein.**

20 Englisch und Deutsch.
Diskutiert: Warum findet man auf den ersten Seiten dieser Einheit so viele englische Wörter?

21 Der folgende Text beantwortet die Frage aus Aufgabe 20. Wie stark beeinflusst Englisch eure Sprache? Mit welchen anderen Sprachen ist eure Sprache verwandt?

Sprachen leben

Sie haben Familien und Nachbarn. Deutsch und Englisch sind eng verwandt. Was verbindet die beiden Sprachen?

Die Sprachgeschichte
Deutsch und Englisch haben die gleichen germanischen Wurzeln. Beide Sprachen haben viele lateinische Wörter aufgenommen. Viele Wörter in beiden Sprachen waren früher identisch und haben sich dann verschieden entwickelt. Das Englische hat dazu in seiner Sprachgeschichte noch viele französische Wörter aufgenommen.

Die Gegenwart: Internationale Themen
Die ersten beiden Seiten in dieser Einheit zeigen: Die Computer-Sprache ist Englisch. Wörter aus der Computer-Sprache und andere Wörter in den Bereichen Technik, Medizin, Wirtschaft usw. werden in vielen Sprachen direkt aus dem Englischen übernommen. Die internationale Kommunikation, zum Beispiel auch über das Internet, läuft meistens auf Englisch. Englische Vokabeln kommen in alle Sprachen durch die Popmusik, durch Filme und durch den Sport. Das sind Themen über die man weltweit spricht.

22 Macht im Kurs eine Wortliste. Arbeitet in Gruppen und vergleicht später.

Wortfelder:
Computer
Medien
Musik
…

Deutsch	Englisch	meine Sprache
Rockmusik	rock music	

23 Haben euch Englischkenntnisse schon mal beim Deutschlernen geholfen? Beim Wortschatz? Bei der Grammatik? …

24 Wiederholung: Adjektivendungen.
Baut den Text unten mit Adjektiven in der rechten Spalte aus.

Tipp: Lest zuerst den ganzen Text.

Hört dann die Geschichte von der Kassette und vergleicht. Es gibt mehrere Möglichkeiten.

Eine Lehrerin in Göttingen gab ihrer 12. Klasse einmal eine Aufgabe: „Schreibt einen Text über das Thema: Was ist Mut?" Fast alle Schüler fingen an zu schreiben. Nur Regina saß 20 Minuten vor ihrem Blatt Papier. Sie fand einfach keinen Anfang. Plötzlich hatte sie eine Idee. Mitten auf das Blatt schrieb sie mit Druckbuchstaben: „DAS IST MUT!". Dann stand sie auf, gab das Blatt ihrer Lehrerin und verließ die Klasse. Am nächsten Tag bekamen alle die Arbeit zurück, auch Regina …

schwierig
kurz
fleißig, weiß
richtig, genial
weiß, groß
staunend, schnell

25 Wie reagierte die Lehrerin? Hat Regina die Aufgabe gelöst? Welche Note bekam sie? Schreibt den Text weiter.

A Musik hören – Musik machen

 1 Ihr hört je ein Stück Jazz, Heavy-Metal, Klassik und Volksmusik. Was ist was?

2 Klassenumfrage: Welcher Musikausschnitt hat euch am besten gefallen? Welche Musikrichtungen kennt ihr noch? Macht eine Tabelle an der Tafel.

Musikart:	-- ätzend	- langweilig	-+ ganz gut	+ gut	++ super
Heavy Metal					
Reggae					

3 Wer von euch macht Musik? Welche Art? Seit wann?

 4 Oliver und Nathalie sind Geschwister. Beide machen Musik. Er ist Liedermacher, sie ist Flötistin. Oliver spricht Deutsch und er komponiert und singt manchmal auch auf Deutsch. Aber Deutsch ist nicht die Muttersprache von Oliver und Nathalie, obwohl man in ihrem Land vor allem Deutsch spricht.

Höre das Interview.
Woher kommen die beiden? Was ist ihre Muttersprache?

5 Höre das Interview noch einmal und mache im Heft Notizen zu folgenden Punkten.

– Angaben zur Person
– Musikart
– musikalischer Beginn
– Instrumente
– musikalische „Stärken"

 6 Höre nun den zweiten Teil des Interviews. Wie stellt sich Oliver seine Zukunft vor? Zeichne die Textgrafik ins Heft und ergänze sie mit den folgenden Angaben.

Hobby · Studium · Lieder schreiben · nicht davon leben · Psychotherapeut · Konzerte

7 **Beruf Musikerin:**
Was sagt Nathalie am
Ende des Interviews?
Was passt zusammen?

Eine Musikerin	muss nicht bei jeder Vorstellung ihr Können zeigen.
Eine Sekretärin	bedeutet den meisten Menschen nicht besonders viel.
Die Konkurrenz	kann nicht immer in Top-Form sein.
Die Kultur	muss immer ihr Bestes geben.
	muss nur ihr Diplom vorweisen.
	ist sehr groß.
	hat einen unsicheren Beruf.
	verdient mit ihrem Beruf oft zu wenig.

8 Schaut euch das Foto an, lest den Liedtext und hört das Lied.

Deine Zukunft
von Oliver Padlina

Eines Tages wirst du diese Welt entdecken und deine Träume
in Frage stellen, weil alles anders scheint
als vorher, als alles immer klar war und jedes Problem
wie eine Wolke am Himmel schnell verschwand.

Deine Identität ausbauen, neue Wege finden,
eine Aufgabe erfüllen,
das ist doch, was du heute willst, um in dieser Welt zu leben
und ihr auch etwas zu geben!

Eines Tages wirst du diese Welt entdecken und deine Träume
in Frage stellen, weil alles anders scheint
als vorher, als alles immer klar war und jedes Problem
wie eine Wolke am Himmel schnell verschwand.

Aber du wirst sicher bemerken, dass dieser Weg leider voll von Hindernissen ist,
von Leuten, die versprechen, dir alle Türen zu öffnen. Pass auf! Dafür verlangen sie (von dir):
deine Freiheit zu verlieren, deine Rechte zu vergessen, wo du nur zufrieden leben willst.

Eines Tages wirst du diese Welt entdecken und deine Träume
in Frage stellen, weil alles anders scheint
als vorher, als alles immer klar war und jedes Problem
wie eine Wolke am Himmel schnell verschwand.

9 Kinder, Jugendliche – Erwachsene. Was passt zum einen, was zum anderen Lebensabschnitt?
Lest den Liedtext genau. Macht eine Liste. Diskutiert dann in der Klasse und ergänzt eure Liste.

Kind sein	erwachsen werden
alles war klar	

B Salzburg und Mozart

10 Seht euch den Stadtplan und die Bilder an. Welche Wörter könnt ihr erschließen?

11 Was gehört zusammen? Ihr hört Ausschnitte aus einer Stadtführung durch Salzburg. Ordnet jedem Ausschnitt eine Stadtplannummer und eine Abbildung zu.

Ausschnitt	Stadtplan	Bild
1	2	e

12 Welche anderen Sehenswürdigkeiten der Stadt werden noch genannt? Kontrolliert mit dem Stadtplan.

Stadtbummel durch **SALZBURG**

Staatsbrücke ①
Getreidegasse ②
Bürgerspital ③
Mönchsberglift ④
Mönchsberg ⑤
Festspielhäuser ⑥
Pferdeschwemme ⑦
Neutor ⑧
Universität ⑨
Kollegienkirche ⑩
Franziskanerkirche ⑪
Dom ⑫
Residenzplatz ⑬
Alter Markt ⑭
Stift St. Peter ⑮
Feste Hohensalzburg ⑯
Stift Nonnberg ⑰
Erzbischöfl. Palais ⑱
Sebastianskirche ⑲
Kapuzinerkloster ⑳
Schloß Mirabell ㉑
Landestheater ㉒
Mozarteum ㉓

SALZBURG, die Hauptstadt des gleichnamigen österreichischen Bundeslandes, hat 144 000 Einwohner, liegt 424 Meter hoch und erstreckt sich über 66 km². Seit dem 8. Jahrhundert Erzbischofssitz, ist die Stadt vor allem als Geburtsstadt Mozarts und als Veranstaltungsort der Salzburger Festspiele weltberühmt geworden.

13 Amadeus Superstar – Was wisst ihr über Mozart? Sammelt in der Klasse.

14 So werden berühmte Persönlichkeiten im Lexikon beschrieben. Es geht aber auch anders. Überlegt: Wie sehen Biografien von Pop-Stars aus, die ihr zur Zeit gut findet?

15 Lest den Text über Mozart und vergleicht mit Stars von heute.
Was ist ähnlich? Was ist anders?

> 2. **Wolfgang Amadeus**, Sohn von 1), österr. Komponist, *27.1. 1756 Salzburg, gest. 5.12.1791 Wien; vor L. van Beethoven u. neben J. Haydn der bedeutendste Komponist der klass. Periode; erregte bereits im Alter von 6 Jahren als Klaviervirtuose gemeinsam mit seiner Schwester „Nannerl" (Maria Anna M., *30.7.1751 Salzburg, gest. 29.10.1829 Salzburg) am Wiener Hof u. auf einer 3jährigen Kunstreise 1763–1766 durch zahlreiche dt. Städte sowie Paris u. London größtes Aufsehen. In London wirkte Joh. Chr. Bach auf sein frühes Schaffen ein, in Paris lernte er Johann Schobert kennen u. in Wien J. Haydn, dem er 1785 seine drei Streichquartette widmete. Bereits mit 9 Jahren schrieb er seine erste Oper, „Apollo u. Hyacinthus". *(Quelle: „Bertelsmann Lexikon" im Internet)*

Superstar mit fünf! Das wilde Leben des W. A. Mozart

Mit 5 Jahren hatte er sein erstes Konzert. Mit sechs spielte er vor der Kaiserfamilie. Tourneen führten ihn nach München, Paris, London, Mannheim, Frankfurt, Mailand und Lille. **Mit 13** ging er nach Italien und
5 arbeitete einige Monate an der Mailänder Scala. Seine Konzerte waren riesige Erfolge. Er spielte vor europäischen Kaisern und Königen, arbeitete mit den besten

Sängern und Sängerinnen seiner Zeit zusammen und schrieb Stücke für sie. Auf seinen Reisen lernte er neue
10 Instrumente und Musikformen kennen und kombinierte sie zu ganz neuen Formen, mit denen er seine Fans begeisterte.
Die Adligen finanzierten Mozart und seine Musik. Er verdiente das Geld für die ganze Familie. **Mit 13** wurde
15 er „Konzertmeister" in Salzburg. Sein Vater war froh darüber, aber für Amadeus war es nicht das Richtige. Dauernd gab es Ärger mit dem Arbeitgeber und mit dem Vater.
Das Leben als „Superstar" hatte seinen Preis: Der Stress
20 machte ihn krank.

Wegen seiner ersten großen Liebe, der Sängerin Aloysia Weber, blieb Mozart so lange in Mannheim, bis er in Geldschwierigkeiten geriet.
Mit 25 ging er nach Wien und lebte dort als Musiker
25 und Komponist ohne feste Stelle am Hof oder am Theater. Er heiratete Constanze Weber, die Schwester „seiner Aloysia".

Amadeus liebte das Leben: Partys, Freunde, Modenschauen. Er hatte fast immer Geldprobleme und musste
30 Tag und Nacht arbeiten, um seinen Lebensstil zu finanzieren.
In Wien schrieb er seine größten Opern. Einige, wie die „Zauberflöte", wurden so populär wie heute Musicals.
Dann, **kaum 35** Jahre alt, der Tod. Bis heute weiß nie-
55 mand, woran der „Superstar" starb. Es gibt viele Legenden. Aber Mozart ist unsterblich. Seine Musik begeistert noch heute die Menschen. Sein Leben war Stoff für Bücher und Filme. Seine Musik beeinflusst moderne Komponisten, auch in der Pop-Musik, bis heute.
Amadeus – ein Superstar auch noch nach 200 Jahren.

16 Hört die Kassette. Kennt ihr die Melodie?

17 Hört den Ausschnitt aus einem Hörspiel und macht Notizen. Um wen geht es? Was erfahren wir über die Situation? Was ist der Konflikt? Welche Orte spielen eine Rolle?

18 Hört das Ende des Hörspielausschnitts. Wem schreibt Mozart? Warum? Was sagt er über sich selbst?

19 Ein Gemälde aus dem 18. Jahrhundert und ein Szenenfoto aus dem Film „Amadeus".
Beschreibt die Bilder oben. Was zeigen sie?

C Musikinstrumente international

 20 Lest den Text und ordnet jedem Instrument das passende Herkunftsland zu. Hört dann die Instrumente von der Kassette. Versucht die Tonbeispiele a–k den Instrumenten 1–11 zuzuordnen.

Roby sammelt Musikinstrumente aus aller Welt. Er besitzt über 30 Stück und einige davon sind wirklich originell.

Da ist z.B. das Instrument aus China, das aus vielen zusammengebundenen Röhrchen besteht, die mit Reis gefüllt sind. Oder das kleine von den Bahamas, das an den Seiten zwei kleine Kugeln hat, die ganz schön laut klingen, wenn man es mit der Hand hin- und herbewegt. Aus Togo kommt eine Art Banjo, das mit Muscheln dekoriert ist. Interessante Stücke sind auch das Streichinstrument, samt Bogen aus Jordanien, die schmale Mandoline aus Marokko und die Panflöte aus dem brasilianischen Amazonas. Nicht so selten sind die Bongos aus Tunesien, die Bambusflöte aus Japan und die Maracas aus Mexiko. Besonders stolz ist aber Roby auf das Blasinstrument aus der Karibik, mit einem Kürbis und Bambusröhren gebastelt, und auf die halbe Kokosnussschale mit den fünf Metallstäbchen, die unter den Fingern vibrieren. Ein Instrument, das bei den südafrikanischen Zulus sehr beliebt ist.

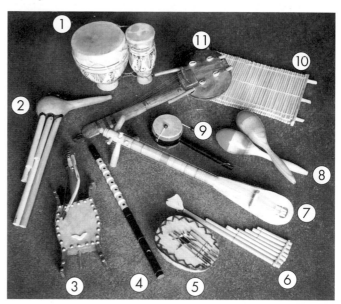

① Tunesien, h

21 *Spiel das richtige Instrument*

Spielregeln

– Ihr spielt zu dritt, jeder für sich.
– Jeder wählt sich ein Startfeld und damit eine Instrumentenkategorie aus.
– Der erste Spieler würfelt. Wenn er auf ein Feld kommt, das zu seiner Instrumentenkategorie gehört, darf er weiterwürfeln, wenn nicht, dann ist der Spieler an der Reihe, zu dem das Feld gehört. Auf Seite 109 findet ihr einen Kontrollkasten, falls ihr nicht mehr ganz sicher seid, zu welcher Kategorie ein Instrument gehört.
– Wer als erster die volle Runde gedreht hat und genau auf seinem Start/Ziel-Feld landet, gewinnt.

Tipp: Dieses Spiel könnt ihr mit allen Wörtern spielen, die man in Kategorien einteilen kann. Macht in der Klasse Vorschläge und übt Wortschatz, den ihr noch nicht so gut kennt. Vielleicht findet ihr auch noch andere Varianten.

D Systematisch Tanzen lernen oder: Es muss nicht immer Disco sein!

22 In den deutschsprachigen Ländern sind Tanzkurse für Jugendliche sehr populär.
Lest den Bericht aus der Zeitschrift „Glücks-Post" und diskutiert in der Klasse darüber.

Mögliche Themen:
– Wie lernt man bei uns tanzen?
– Tanzfilme als Auslöser
– Tanzkurse als Treffpunkt für neue Bekanntschaften und Beziehungen

Let's Dance!

Es muss nicht immer Techno oder Disco sein, auch die klassischen Gesellschaftstänze sind bei den Jugendlichen wieder gefragt. Die GP besuchte eine Zürcher Tanzschule.

Begeistert strömen Schüler und
5 Teenager wieder in die Tanzschulen und lernen mit Spaß die klassischen Gesellschaftstänze wie Walzer, Foxtrott, Cha-Cha-Cha, Disco-Swing.

10 „Die heutige Jugend ist tolerant, offen, neugierig und lebt im Gegensatz zu früher multikulturell. Sie entscheidet sich nicht für oder gegen die Techno-Szene
15 oder den Tanzkurs, sondern mag ,sowohl als auch', meint Tanzlehrerin Marianne Kaiser. Die Leiterin der bewährten Zürcher Tanzschule hat als Ergänzung zu
20 den üblichen Erwachsenen-Kursen allabendlich um 18 Uhr einen Jugend- und Schüler-Tanzkurs ins Programm aufgenommen. Mit großem Erfolg.

25 Dort treffen wir auch die beiden 17-jährigen Schüler Vera Speerli und Thomas Aebischer aus Zürich, die mit größtem Spaß dabei sind. „Meine ältere Schwester, die sehr
30 gut tanzen kann, sowie der Tanzfilm ,Strictly Ballroom' waren für mich die Auslöser, einen Tanzkurs zu besuchen", erzählt Vera, die statt flotter Disco-Musik und
35 heißer Techno-Rhythmen viel lieber Klassik oder Jazz hört. „Außer dem etwas langweiligen *English Waltz* mag ich alle Tänze", lacht der sympathische Teenager und
40 blickt seinem Tanzpartner dabei tief in die Augen. Verschmitzt meint Thomas: „Das Tanzen brachte uns etwas näher. Wir konnten unsere Beziehung weiterent-
45 wickeln. Da wir beide das gleiche Real-Gymnasium besuchen und inzwischen sogar in derselben Klasse sitzen, kannten wir uns schon vor dem Tanzkurs. Vera
50 musste mich allerdings dazu überreden. Inzwischen haben wir aber bereits fünf Kurse absolviert und der Spaß wird immer größer", freut sich der sportliche Schüler, der
55 ebenfalls Klassik den gängigen Hits vorzieht und selber in einem Schülerorchester Cello spielt.

Thomas und Vera sind mit Spaß
und Herz im Spezial-Tanzkurs
für Jugendliche dabei.

Kontrollkasten zum Spiel in Aufgabe 21:
Saiteninstrumente: Cello, Mandoline, Geige, Gitarre, Kontrabass, Bratsche. **Blasinstrumente:** Flöte, Klarinette, Trompete, Posaune, Mundharmonika, Saxophon. **Schlaginstrumente:** Xylophon, Pauke, Triangel, Schlagzeug, Tamburin, Trommel.

sowieso extrablatt – die

Ein Lächeln hilft gegen den Stress

Los Angeles. Wenn der Stress unerträglich wird – lächeln Sie! US-Psychologe Paul Ekmann entdeckte, dass selbst ein gequältes Lächeln im Hirn die gleiche Aktivität wie ein echtes Lachen auslöst: Herzschlag, Atmung und Hauttemperatur werden wieder normal, man fühlt sich wohl.

(Wiener Kronenzeitung, 18. Dezember 1994)

Comic – Höchstpreis

dpa. Das 1938 erschienene Heft Nummer eins der Reihe „Action Comics" der Supermann-Serie wurde vom Londoner Auktionshaus Sotheby's für 54 625 Dollar versteigert. Für das erste Batman-Heft aus dem Jahr 1938 zahlte ein Liebhaber bei der Auktion 48 875 Dollar. Beide Heftchen kosteten in den 30er Jahren am Kiosk 10 Cents.

(Hessisch-Niedersächsische Allgemeine, 7.6.1996)

Mund zu, Zunge rein

Wer Rad fährt sollte anderen nicht die Zunge rausstrecken. Diese Erfahrung machte ein Mountainbiker. Bei einem schweren Sturz biss sich der Mann die Zunge ab. Glück im Unglück: Der Sanitäter legte die abgebissene Zunge auf Eis. In einer Spezialklinik konnte sie wieder angenäht werden.

(SALTO, 7. Juli 1992)

14-jähriger mit Note 1 zur Uni

AP. Die Uni Oxford bekommt in den nächsten Jahren ihren zweitjüngsten Studenten aller Zeiten. Adam Dent. Der 14-Jährige qualifizierte sich in Chemie, Biologie, Physik und Mathematik - überall Note 1. Die meisten anderen Studenten sind fünf Jahre älter.

(Bild am Sonntag, 1996)

Lichtenbergschule auf der Datenautobahn

Als erste Schule Deutschlands hängt die Lichtenbergschule an den großen Computern der Welt.

„Jetzt ist der Rechner wieder abgestürzt", murmelt Björn Köster. Der Zugriff zum Internet ist manchmal schwierig. „Geh erst mal auf C, dann versuchen wir's nochmal," rät der 17-Jährige seiner Kurskollegin Susanne. Für die Informatik-Schüler an der Georg-Christoph-Lichtenberg-Schule ist das Alltag. Seit neun Monaten schon läuft das Projekt „Unterricht auf der Datenautobahn". Als erste Schule Deutschlands hat das Gymnasium damit den elektronischen Schlüssel zu fast allen wichtigen Datenbanken der Welt in den Händen. „Versuche Verbindung." Susanne Wiegand wartet ungeduldig. Die 16-Jährige hofft auf Post von ihrer neuen Freundin Kyle Knapp in Kalifornien. Was wie ein Spiel aussieht, ist Teil der Informatikausbildung. Die 19 Kursteilnehmer haben Informatik als ihren Leistungskurs gewählt.

(Hessisch-Niedersächsische Allgemeine, 14.12.94)

Es ist nie zu früh, um ...

... mit den Weihnachtsvorbereitungen zu beginnen. In Berlin werden seit dieser Woche hunderte von Studenten für ihren großen Auftritt am Heiligen Abend oder in den Tagen davor geschult. Sie üben das würdevolle Tragen von Kostüm und Bart sowie das Geschenkeverteilen.

Banküberfall

Täter erbeutet 20 000 Mark.
Bei einem Überfall auf die Commerzbank-Filiale in der Großen Eschenheimer Straße hat ein Unbekannter am Mittwoch 20 000 Mark erbeutet. *Siehe Bericht Seite 2.*

Lust auf Urlaub im Schnee gesunken

Laut einer brandneuen Umfrage des „market"-Instituts lässt bei den Österreichern die Lust auf einen Wintersporturlaub in der heurigen Saison stark nach. 76% der Befragten gaben an, nicht in die Berge fahren zu wollen (vor zwei Jahren waren es 71%). Grund dafür: Wegen der schlechten Wirtschaftsprognosen sei ein Skiurlaub zu teuer.

(Wiener Kronenzeitung, 11.11.95)

Humor

„Möchtest du nicht aufstehen?", fragt eine ältere Dame Kai im Bus. Kai antwortet: „Wissen Sie, den Trick kenne ich. Dann setzen Sie sich hin und mein Platz ist weg."

Anruf bei der Feuerwehr: „Hilfe, unser Haus brennt!" – „Wie kommen wir zu Ihnen?" „Ach, haben Sie denn diese großen, roten Autos nicht mehr?"

Ein Onkel beantwortet den Brief seines Neffen. „Hiermit sende ich dir die gewünschten 10 Mark. Aber ich muss dich auf einen Schreibfehler aufmerksam machen. ‚10' schreibt man mit <u>einer</u> Null."

Zeitung zum Lehrwerk

Banküberfall mit Brotmesser

Eigener Bericht. Bei einem Überfall auf die Commerzbank-Filiale in der Großen Eschenheimer Straße hat ein Unbekannter am Mittwoch mehrere tausend Mark erbeutet.

Der etwa 30 bis 35 Jahre alte Mann hatte die Filiale gegen 15 Uhr betreten, die Kassiererin mit einem langen Messer bedroht und ihr zugerufen: „Ich brauche 10 000 Mark!"

Die Kassiererin gab ihm ein Bündel 50-Mark-Scheine. Zu Fuß flüchtete der Unbekannte in Richtung Hauptwache. Einige Bankkunden, die ihn verfolgten, verloren ihn aus den Augen.

Der Mann ist etwa 1,80 groß und kräftig. Er trägt einen Schnauzbart und macht einen ungepflegten Eindruck. Bekleidet war er mit einer schwarzen Hose und einem beigefarbenen Hemd.

(Frankfurter Rundschau, 28.6.96)

Maus im Jumbo

Wegen einer Maus im Passagierraum musste in London der Flug eines Jumbo-Jets nach New York annulliert werden.

(Münchner Abendzeitung, 1.3.95)

Verkaufe *sowieso* Bd. 1+2. Wenig gelesen, praktisch neu. Kassetten originalverpackt. Halber Preis. Tel. 536478

Nachhilfe gesucht! Wichtig: Erfahrung mit *sowieso* 3. Nur mit Foto. Tel.108709

Schülererfindung: TV-Aufzeichnung ohne Werbung

Einen Videorecorder, der automatisch Werbung erkennt und dann abschaltet, hat ein 18-jähriger Schüler aus Neubiberg bei München erfunden. Mit seiner Erfindung wurde Tobias Kramer Landessieger im Wettbewerb „Jugend forscht" und darf jetzt am Bundeswettbewerb teilnehmen.

Verwüstung in Stadtbibliothek

Fort Worth (USA) – Der lokale Radiosender von Fort Worth meldete, in den Büchern der Stadtbibliothek seien Dollarnoten als Lesezeichen versteckt. Hunderte Menschen stürmten darauf die Bibliothek und rissen die Bücher aus den Regalen auf der Suche nach Geld.

Bitte melden! Samstag in der Disco „Blitz und Donner": **Ich:** lange, schwarze Haare – **Du:** groß, blond, kurzes Haar mit grüner Lederjacke. Du hast mich angelacht. Ich möchte dich kennen lernen! Tel. 280726

Erste Hilfe bei Computerproblemen. Anruf genügt, komme sofort. DOS/Mac/ alle Spiele. Stunde DM 25, Tel. 781270

Gesucht! Allround-Sänger für Heavy Metal Band „Die Huber" gesucht. Wir proben samstags ab 18 Uhr im „Ding-Dong". Oder telef. bei Gaby oder Konstanze melden. Tel. 666999

Autor gesucht! Wer hilft mir, meine Memoiren zu schreiben? Arbeitstitel: *Ich mach das sowieso.* Tel.123691

---

1   Aufgaben selbst machen: Schreibt zum *„sowieso* Extrablatt" Aufgaben für andere Gruppen im Kurs. Modelle findet ihr in *sowieso 3* z. B. auf den Seiten 11 (Aufgabe 9), 25 (Aufgabe 17), 45 (Aufgabe 34), 58 (Aufgabe 22) und 59 (Aufgabe 23).

2   Zwei Projektideen.

   1.   Eine Kurszeitung machen.
   Der Deutschkurs ist zu Ende. Eine Kurszeitung ist eine schöne Erinnerung. Worüber kann man schreiben? Interessante Leute / Etwas Ungewöhnliches ist passiert / Eine Meldung aus einer deutschen Zeitung / Lustige Fotos aus dem Kurs oder aus Deutschland / Briefe aus dem Internet ...

   2.   Eine Nachrichtensendung für Radio *sowieso* machen.

„... Schulrekord. Donnerstagmorgen kam Dirk Fahrian zum dritten Mal zu spät in dieser Woche. Seine Entschuldigung war dieses Mal: Sein Hund Boxer hat Grippe."

lesen und schreiben

3 Lesen – Was heißt das?
Wo und wann müsst ihr etwas lesen und verstehen?

Man muss lesen können, …

… um zu wissen, was im Fernsehen kommt.
… um eine unbekannte Adresse zu finden.
… wenn man …
… damit man …
… weil man …
…

4 Was wäre, wenn du nicht lesen könntest?

5 In Zusammenarbeit mit der UNESCO zeigt eine internationale Ausstellung Plakate zum Thema Analphabetismus.
Kannst du zu dem Plakat einen kleinen Text schreiben?
Was ist die Aussage?

6 Lest den Text und diskutiert:
Was sind die Gründe für Analphabetismus?

Amar es….
Alfabetizar.

Über eine Milliarde können nicht lesen

Paris. Mehr als 200 Millionen Menschen in den Industriestaaten können nicht lesen und schreiben; In den Entwicklungsländern sind es über 880 Millionen.
Diese Zahlen veröffentlichte die Kulturorganisation der Vereinten Nationen, UNESCO, am Dienstag in Paris. Im Vorfeld des Internationalen Alphabetisierungstages am 9. September ermahnte UNESCO-Chef Federico Mayor die Regierungen aller Staaten: „Alphabetisierung ist Voraussetzung für eine bessere Welt in der Zukunft."

7 In „jetzt", der Jugendbeilage der „Süddeutschen Zeitung", haben Jugendliche geschrieben, was sie über das Thema „Lesen" denken. Lies die Texte und finde für jede der beiden Aussagen ein Beispiel.

ROMAN HEBERT
Literatur ist die mit Abstand günstigste Art zu reisen. Mit 11,40 DM reise ich nicht nur auf einem prächtigen Schiff, sondern auch mit Menschen einer anderen Kultur durch ferne Ozeane …

SILKE DENKER
Was es wirklich heißt, ein Buch zu lesen, kann man nur verstehen, wenn man 12 ist oder 13. Irgendwann mit dem Heranwachsen verliert das Leben einen Teil seines Zaubers und ein Kapitel zu lesen ist

eine Selbstverständlichkeit und keine Herausforderung mehr. Sicherlich, auch wenn man groß ist, kann man Bücher lieben, kann man das gleiche Buch immer und immer wieder lesen und Raum und Zeit und Wirklichkeit über ein paar wenigen Sätzen vergessen. Aber man braucht keine Taschenlampe mehr, um heimlich unter der Bettdecke zu lesen. Und man weint nicht mehr um Winnetou.

8 Erzählt über eure ersten Leseerfahrungen.
9 Eine Umfrage in der Klasse. Jede/r schreibt fünf Titel von Büchern auf, die sie/er gelesen hat. Welches Buch ist das beliebteste?

10 Lies die Aussagen von Katarina, Jörn, Gabriele und Regine. Wem würdest du zustimmen? Begründe deine Entscheidung.

KATARINA BADER
In der Schule werden Gedichte und Romane oft grau und leblos. Man zerrupft und zerfleischt sie manchmal so lange, bis von der Stimmung, die sie ausstrahlen, nichts mehr übrig bleibt. Interpretationen sind meiner Meinung nach oft der reinste Mord.

JÖRN MENTZEL
Was soll's? Schwarzenegger hat es so treffend formuliert, dass ich mich nur auf ihn zu berufen brauche, um zu wissen, was eben die Großen, wie Goethe und Konsorten, nicht wissen konnten: *Hasta la vista, Baby*, denn der mit den meisten Muskeln siegt immer, obwohl er nie ein Buch in den Händen gehalten hat.

GABRIELE SEYNSCHE
Geschriebene Worte haben mein Leben verändert. Denn sie haben meine Lust am Leben geweckt. Weswegen ich viel Zeit mit Büchern verbringe. Zeit, in der ich auch reden könnte oder Rad fahren oder tanzen. Vielleicht wäre ich ohne Bücher ein Sportass geworden. Oder Astronaut.

REGINE WOLTERING
Meine Freunde sagen manchmal, dass ich wie Anne aus „Anne auf Green Gables" bin. Durch dieses Buch bin ich zugegebenermaßen auf die Idee gekommen, mir die Haare rot zu färben.

11 Hat dich auch schon einmal ein Buch / ein Film so beeinflusst, dass du etwas an dir verändert hast?

12 Lest den Titel der Geschichte und betrachtet die Zeichnung. Überlegt: Was hat Lesen mit Liebe zu tun?

Lesen – der Weg zum Herzen einer Frau
von Kim Kirchhof (15)

Weil er den Weg zur Gemeindebücherei kannte, wurde ein Junge zu meiner ersten großen Liebe. Und ich falle immer wieder darauf rein, Jungen, die lesen, für etwas ganz Besonderes zu halten. Dass wir uns richtig verstehen, ich meine nicht die nicht so tollen Jungen – die müssen ja lesen, weil sie nichts Besseres vorhaben — sondern die ganz coolen Typen, die Snowboard-Fahrer, die Computer-Freaks, die bundesliga-verdächtigen Liberos. Was bekommen sie für einen Glanz, wenn sie auch noch lesen können. Als ich einen Jungen mit dem „Medicus" in der Hand traf, erschien er mir in einem ganz neuen Licht und ich konnte nicht mehr glauben, dass er der ignorante Trampel sei, für den ich ihn bis dahin gehalten hatte. Nach acht Wochen stillen Anbetens und Beobachtens wurde mir klar, er ist ein ignoranter Trampel und hat noch nie etwas anderes gelesen als den Sportteil der Bild-Zeitung. Das Buch muss seiner Mutter gehört haben. Und es geht nicht nur mir so! Eine Umfrage (von mir) hat ergeben: Jungen, die lesen, werden für sensibler, zärtlicher, vertrauenswürdiger, toleranter, einfach für toller gehalten. Seitdem weiß ich, dass Jungen, die eine Freundin suchen, in einer Disco völlig falsch sind. Mein Tipp: Rein in die Leseecke beim *Hugendubel*! Dort sitzt deine Traumfrau? Schau, was sie liest. Hole dir das gleiche Buch aus dem Regal. Setze dich zwei Plätze neben sie. Der Rest kommt von ganz allein!

13 Schreiben.
Die vier Zeichnungen erzählen eine Geschichte. Überlegt zuerst, was man dazu schreiben könnte:
Sketch, Erzählung, Bericht, Nachricht, Brief? Wählt dann eine Möglichkeit aus und schreibt!

14 „Das find ich sch... schlecht!"
Worüber du dich schon immer einmal beschweren
wolltest. Schreib einen kurzen Text oder bereite
einen Vortrag vor (1 Minute).

 15 Hören und Schreiben.
Hört die Geräuschgeschichte und schreibt sie auf.

114

prüfen und testen

16 Über Prüfen und Testen nachdenken.

Findet mögliche Antworten auf die Frage wer?, was? und wie? in eurem Unterricht getestet wird. Normalerweise prüfen die Lehrer/innen und die Schüler/innen werden geprüft. Aber muss das immer so sein? Was könnte man außerdem prüfen und bewerten? Hier einige Möglichkeiten:

– Man könnte bewerten, wie gut der/die Lehrer/in vorbereitet war.
– Man könnte bewerten, wie die Atmosphäre in der Klasse ist.
– Man könnte bewerten, wie gut man selbst mitgearbeitet hat.

Tafelbild · Lehrmaterial · Übungen · Hausaufgaben · Zeit · Motivation · Zusammenarbeit · Spaß · …

17 Einen Fragebogen entwerfen.

Schüler/in
❑ Ich habe heute gut aufgepasst.
❑ Ich habe meine Hausaufgaben gemacht.
❑ Ich habe heute öfter etwas gesagt.
❑ Ich habe gefragt, wenn ich etwas nicht verstanden habe.
❑ …

Lehrer/in
❑ Ich habe mich gut vorbereitet.
❑ Ich war freundlich zu den Schülern.
❑ Ich habe versucht, alles gut zu erklären.
❑ Ich habe ein bisschen Spaß gemacht.
❑ Der Unterricht hat mir selbst gefallen.
❑ …

18 Der Kampf gegen die Nerven. Sich auf einen Test vorbereiten.

Die meisten Menschen sind vor Tests und Prüfungen ziemlich aufgeregt. Warum? Sie wissen nicht genau, was kommt und ob ihr Wissen ausreicht. Was kann man dagegen tun? Was ist eure Erfahrung?

19 Wir haben deutsche Schüler gefragt. Notiert und vergleicht mit euren Erfahrungen.

> **Lerntipp** > Wenn man weiß, was kommt, fühlt man sich meistens sicherer.

20 Deshalb nicht vergessen: „Fragen kostet nichts!"

1. Frage: Wie wird der Test aussehen? (Form)
– Mündliche Antworten?
– Schriftliche Aufgaben mit Lücken?
– Ein freier Text?
– Muss man ankreuzen oder schreiben?

2. Frage: Was wird geprüft? (Inhalt)
– Geht es um Leseverstehen (Texte/Themen)?
– Grammatik (welche Formen)?
– Wortschatz (welche Einheiten/Wortfelder)?
– …

> **Lerntipp** > Versucht, so viel wie möglich über den Test herauszufinden. Fragt eure Lehrer/innen und Schüler/innen aus dem letzten Jahr.

> **Lerntipp** > Versucht herauszufinden, was ihr schon könnt und wo eure Lücken sind.

Auf der nächsten Seite haben wir einige Vorschläge dazu gemacht.

21 Selbsttest – Was kann ich schon auf Deutsch?

In *sowieso* 1 und 2 findet ihr jeweils auf der letzten Seite einen Selbsttest. Schreibt im Kurs jetzt einen Test für *sowieso* 3.

	ohne Probleme	es geht	das kann ich noch nicht
1. Über das Wetter sprechen			
2. Ein Hotelzimmer reservieren			
3. Sagen, was mir fehlt (Krankheiten)			
4. …			

22 Testvorbereitung konkret – Aufgaben zu *sowieso* 3.

1. Ein Deutschkurs geht zu Ende. Wie geht es weiter? Formuliere drei gute Vorsätze.
– Ich werde …

2. Wie ist das Wetter?

3. *Wenn – dann*: Schreibe je einen Satz zum Thema: Schule, Freizeit, Freundschaft.

4. *ob*: Ergänze die drei Sätze mit *ob*.
Ich weiß nicht, …
Ich frage mich manchmal, …
Mir ist es egal, …

5. Wortschatz: Finde je fünf Wörter, die dazu passen:
Grippe · Weihnachten · Berufe

6. Fünf Flaggen:

Länder – Menschen – Sprachen:
Deutschland – Deutsche – Deutsch

7. Ergänze die Sätze.
Wenn ich Lehrer wäre, …
Wenn ich schon 20 wäre, …
Wenn ich mehr Zeit hätte, …

8. Was war noch auf dem Bild (fünf Sachen)?

9. „Spaghetti für zwei."
Was war das Problem?

10. Welche Berufe passen zu den Wörtern?
Kirche, Wurst, Zeitung, Haare, Partei

11. Verbinde die Wörter zu Buchtiteln.
der Name – die Rose · der Besuch – die alte Dame · die Märchen – die Brüder Grimm · die Geschichte – das Fahrrad · der Tod – der junge Musiker

12. Ergänze die Relativsätze.
– Schwarzenegger ist ein Mann, der …
– Das Fahrrad, mit dem …
– Das Taxi, …

13. Ein Bauernhof: 5 Tiere und 5 Tierstimmen.

Hunde – bellen, …

14. Schreibe Fragesätze.
Woran? · Womit? · Mit wem? · Wofür? · An wen?

15. Wozu braucht man diese Dinge:
eine Sonnenbrille, einen Kuli, ein Fahrrad, einen Lehrer?

23 Die Schwierigkeit aufzuhören.

Mehrere Personen

– Schluss jetzt!
– Ich finde auch, es reicht!
– Sehr richtig! Einmal muss Schluss sein!
– Und zwar endgültig.
– Man muss auch mal aufhören können!
– Und darum: Schluss jetzt!
– Ein für alle Mal!
– Jawohl! Denn sonst geht's endlos so weiter.
– Und wir kommen nie an ein Ende!
– Und reden morgen früh immer noch.
– Schrecklicher Gedanke!
– Ich schlage vor: Jeder hält jetzt einfach seinen Mund!
– Sehr gut. Von jetzt an – kein Wort mehr!
– Es wird einfach aufgehört.
– Und zwar ruck-zuck!
– Denn sonst hören wir ja doch nicht auf.
– Das fürchte ich auch.
– Also, jetzt reicht's aber wirklich!
– Herrjeh noch mal, hört das endlich auf!
– Das ist ja nicht auszuhalten!
– Man wird ja noch total verrückt dabei!
– Aufhören jetzt, und zwar sofort!
– Aufhören! Himmeldonnerwetter – aufhören!
Alle: Ruhe!

Aus: Helmut Müller, Der eine und der andere – Szenische Dialoge, Klett Verlag.

In dieser Liste findest du die Wörter aus Einheit 1–18 von *sowieso 3*.
Namen von Personen, Städten und Ländern haben wir nicht aufgenommen.

Diese Informationen gibt das Wörterverzeichnis:

Wort   Artikel   Plural

Abbildung, die, -en; 8A1; 46 ◄—*Seite im Buch*

*Wortakzent   Einheit   Aufgabe
(__ lang, . kurz)*

Fett gedruckte Wörter gehören zum Lernwortschatz. Diese Wörter musst du auf jeden Fall lernen.
Unregelmäßige Verben sind mit allen Formen angegeben.

Information: Partizip II
haben oder sein

abfahren,   fuhr ab,   ist abgefahren

*Infinitiv   Präteritum   Perfekt
                       (3. Pers. Sing.)   (3. Pers. Sing.)*

Viele Wörter haben mehr als eine Bedeutung. Sie sind dann so aufgeführt:

Stelle (1), die, (Sg.); 6.6; 36
Stelle (2), die, -n; 17B15; 107

ab und zu; 14B8; 87
abbeißen, biss ab, hat abgebissen;
   18; 110
Abbildung, die, -en; 8A1; 46
abbrechen, brach ab, hat abgebrochen; 12.14; 75
Abendland, das, (Sg.); 14C; 89
abfahren, fuhr ab, ist abgefahren;
   6.2; 34
abfragen; 16A7; 100
Abgeordnete, der, -n; 15B7; 94
abhängen, hing ab, hat abgehangen; 12.14; 75
abhauen; 14B8; 87
abholen; 4C20; 26
abkommen, kam ab, ist abgekommen; 16C18; 102
ablegen; 15B9; 94
abschalten; 18; 111
abschließen, schloss ab, hat abgeschlossen; 10D18; 67
abschrauben; 7C19; 42
absolvieren; 17D22; 109
abstimmen; 13C17, 82
abstürzen; 18; 110
Absurdität, die, -en; 14B9; 88
abwarten; 13C15; 81
Adjektivsuffix, das, -e; 9E29; 60
Adlige, der/die, -n; 17B15; 107
ähnlich; 4D22; 27

Akte, die, -n; 16A7; 100
Aktion, die, -en; 10D15; 66
akustisch; 9D25; 59
alkoholfrei; 9E32; 60
allabendlich; 17D22; 109
allerdings; 16C18; 102
allgemein; 12.15; 76
allmählich; 14B8; 87
Alltagsgeschehen, das, (Sg.); 9D27;
   60
Alm, die, -en; 5.18; 33
Alpen-Übergang, der, "-e; 13C15;
   81
Alpenbewohner, der, -; 13B7; 80
Alpentransit, der, (Sg.); 13C15; 81
als; 10A1; 62
Alte, der/die, -n; 4C18; 26
Altenwohnheim, das, -e; 4C19; 26
analysieren; 7C19; 42
Anbeten, das (Sg.); 18.12; 113
anbringen, brachte an, hat angebracht; 5.18; 33
andererseits; 2B9; 11
ändern (sich); 13A3; 78
Angabe, die, -n; 17A5; 104
angeben, gab an, hat angegeben;
   15A4; 93
angeblich; 15B9; 94
angehen, ging an, hat angegangen
   (jmdn. geht etwas an); 12.4; 73

angehören; 15A4; 93
Angestellte, der/die, -n; 7E34; 45
Angriff, der, -e; 4C17; 25
anhalten, hielt an, hat angehalten;
   7D32; 44
ankommen, kam an, ist angekommen (etwas kommt auf etwas an);
   12.1; 72
ankreuzen; 15A4; 93
anlegen (es auf etwas anlegen);
   14B11; 88
Anleitung, die, -en; 15D27; 97
anmachen; 14A4; 86
anmelden; 12.3; 72
annähen; 18; 110
annullieren; 18; 111
anpacken; 8A2; 46
Anregung, die, -en; 9C14; 57
anschauen; 5.18; 33
anscheinend; 6.6; 36
Anschluss (Anschluss finden); 4B11;
   24
ansprechen, sprach an, hat angesprochen; 13A3; 78
anstecken; 3E33; 21
anstellen (sich); 3E35; 21
anstrengen (sich); 1B8; 8
anstrengend; 7C19; 42
Anteil, der, -e; 15B8; 94
antidemokratisch; 10B6; 63

Anwohnerin, die, -nen; 13C17; 82

Anzeichen, das, -; 14B8; 87

anziehen, zog an, hat angezogen; 13D26; 84

Anzug (im Anzug sein); 14B8; 87

applaudieren; 14D14; 89

Arbeit, die, -en; 2A2; 10

Arbeiter, der, -; 6.2; 34

Arbeiterpartei, die, -en; 10B6; 63

Arbeitgeber, der, -; 17B15; 107

Arbeitnehmer, der, -; 12.9; 74

Arbeitsamt, das, "-er; 7E33; 45

Arbeitseinsatz, der, "-e; 8A2; 46

arbeitsfrei; 8A2; 46

arbeitslos; 7A7; 39

Arbeitslosigkeit, die, (Sg.); 4C17; 25

Arbeitsplatz, der, "-e; 2B12; 12

Arbeitswelt, die, (Sg.); 9D22; 59

Arbeitszeit, die, -en; 8A2; 46

arm; 4B11; 24

Armee, die, -en; 10B6; 63

Artenvielfalt, die, (Sg.); 13A2; 78

Arzt, der, "-e; 3E33; 21

Assistentin, die, -nen; 12.7; 74

Asylbewerber, der, -; 6.3; 35

Atmung, die, (Sg.); 18; 110

Atompolitik, die, (Sg.); 15A4; 93

ätzend; 17A2; 104

auf einmal; 14B8; 87

aufbauen; 4C17; 25

aufbringen (Mut aufbringen), brachte auf, hat aufgebracht; 14B8; 87

Aufenthalt, der, -e; 8A2; 46

auffangen, fing auf, hat aufgefangen; 9A1; 54

auffordern; 6.8; 36

aufgeben (1), gab auf, hat aufgegeben; 12.3; 72

aufgeben (2), gab auf, hat aufgegeben; 16C15; 101

aufmerksam machen (jmdn.); 7D32; 44

Aufnahme, die, -n; 16A3; 98

aufnehmen (1), nahm auf, hat aufgenommen; 8B19; 49

aufnehmen (2), nahm auf, hat aufgenommen; 14B8; 87

aufnehmen (3), nahm auf, hat aufgenommen; 16C21; 103

Aufräumungsarbeit, die, -en; 10C10; 65

aufregen (sich); 12.20; 77

aufrufen, rief auf, hat aufgerufen; 13A2; 78

aufspringen, sprang auf, ist aufgesprungen; 10C10; 65

Auftrag, der, "-e; 13A3; 78

auftreten, trat auf, ist aufgetreten; 3C29; 19

Auftritt, der, -e; 18; 110

aufwachen; 11.9; 70

Augenblick, der, -e; 6.11; 37

Auktion, die, -en; 18; 110

aus; 13D19; 83

ausbauen; 7D31; 44

Ausbildungsstelle, die, -n; 7E34; 45

Ausdruck, der, "-e; 6.14; 37

Ausdrucken, das, (Sg.); 16A6; 99

ausdrücken; 2B15; 12

ausfüllen; 12.10; 75

aushalten, hielt aus, hat ausgehalten; 4B11; 24

aushängen; 13A2; 78

Auskunft, die, "-e; 14D15; 90

Ausländer, der, -; 1A2; 7

Ausländerfeindlichkeit, die, (Sg.); 15A4; 93

Auslöser, der, -; 17D22; 109

auslüften; 8A2; 46

ausmalen; 14B8; 87

ausprobieren; 16B12; 100

Auspuff, der, -e; 7C19; 42

ausreichen; 18.18; 115

ausrollen; 9A1; 54

aussagen; 13A3; 78

ausschalten; 9D27; 60

Aussehen, das, (Sg.); 8A6; 47

aussenden; 14B8; 87

Außendienst, der, -e; 12.7; 74

Außenpolitik, die, (Sg.); 15A1; 92

außer; 10B6; 63

äußern; 6.14; 37

Äußerung, die, -en; 14B10; 88

aussprechbar; 8E33; 52

Ausstellung, die, -en; 10C12; 65

austauschen; 3E34; 21

auswandern; 13B7; 80

auswechseln; 5.18; 33

Auswirkung, die, -en; 13A3; 78

Auszubildende, der/die, -n; 7E34; 45

Autofahrer, der, -; 9A1; 54

autofrei; 13A5; 79

automatisch; 4A1; 22

Autor, der, -en; 7A1; 38

avancieren; 15A4; 93

Backsteinmauer, die, -n; 5.18; 33

Bahn, die, (Sg.); 8C16; 49

Bakterie, die, -n; 7C19; 42

Bambusröhre, die, -n; 17C20; 108

Band, die, -s; 8D23; 50

Banjo, das, -s; 17C20; 108

Bankkauffrau, die, -en; 7A1; 38

Bankkaufmann, der, "-er; 7A1; 38

Bart, der, "-e; 18; 110

Basteln, das, (Sg.); 7C19; 42

basteln; 7C22; 42

Batterie, die, -n; 13D21; 83

Bau, der, (Sg.); 15D27; 97

Bäuerin, die, -nen; 7A1; 38

Bauernregel, die, -n; 3C21; 18

Baufacharbeiter, der, -; 7A1; 38

Baukasten, der, "-; 1B8; 8

bedeckt; 3A1; 14

Bedeutung, die, -en; 5.14; 32

bedienen; 9D27; 60

Bedingung, die, -en; 3B; 16

bedrohen; 18; 111

beeinflussen; 16C21; 103

beenden; 10C9; 65

Befehl, der, -e; 9D27; 60

Befragte, der, -n; 15A4; 93

Begegnung, die, -en; 14B8; 87

begeistern; 16A7; 100

begeistert; 10A3; 62

Beginn, der, (Sg.); 7B15; 41

Begründung, die, -en; 9D22; 58

Behauptung, die, -en; 15D27; 97

behutsam; 13D26; 84

bei; 15A1; 92

beimischen; 9B7; 56

Beinchen, das, -; 13D26; 84

Bekanntschaft, die, -en; 17D22; 109

beleuchten; 9C19; 58

bellen; 1B10; 9

belügen, belog, hat belogen; 14D15; 90

bemühen (sich); 6.5; 35

benehmen (sich), benahm sich, hat sich benommen; 14B8; 87

benötigen; 9D27; 60

Benutzer, der, -; 9D27; 60

bequem; 2B12; 12

Bequemlichkeit, die, -en; 13B6; 79

beraten, beriet, hat beraten; 15C13; 95

Bereich, der, -e; 9D22; 59

bereits; 9D22; 59

Bergmann, der, "-er; 4B11; 24

Bericht, der, -e; 17D22; 109

berufen (sich), berief, hat berufen; 18.10; 113

beruflich; 10C9; 64

Berufsausbildung, die, -en; 4B11; 24

Berufsschule, die, -n; 12.22; 77

Berufswechsel, der, (Sg.); 12.18; 76

berühren; 11.11; 71

Besatzungszone, die, -n; 10C9; 65

beschaffen; 15C13; 95

beschäftigen (sich); 9D27; 60

Bescheid geben, gab Bescheid, hat Bescheid gegeben; 12.15; 76

Bescheid wissen, wusste Bescheid, hat Bescheid gewusst; 12.2; 72

bescheiden; 15B10; 94

beschießen, beschoss, hat beschossen; 10C9; 65

beschließen, beschloss, hat beschlossen; 10B6; 63

beschweren (sich); 15B10; 94

Beseitigung, die, (Sg.); 10C9; 65

besetzen; 10B6; 63
besitzen, besaß, hat besessen; 16A7; 100
Besitzer, der, -; 8B19; 49
besprechen, besprach, hat besprochen; 2B12; 12
Beste, das, (Sg.); 17A7; 104
bestehen (1), bestand, hat bestanden; 4D24; 27
bestehen (2) bestand, hat bestanden; 13D19; 83
bestellen; 2C22; 13
bestimmen; 7E34; 45
Besucher, der, -; 10A3; 62
betätigen (sich); 9F37; 61
beteiligen (sich) (1); 15B9; 94
beteiligen (2); 15C16; 96
Beton, der, (Sg.); 13B6; 79
betonen; 2B14; 12
betragen, betrug, hat betragen; 4A3; 22
betreffen, betraf, hat betroffen; 13A3; 78
Betrieb, der, -e; 4C19; 26
bewährt; 17D22; 109
bewegen (sich); 3D30; 20
Bewerbung, die, -en; 7C19; 42
bewerten; 18.16; 115
bewirken; 13A3; 78
Bewusstsein, das, (Sg.); 13A3; 78
Beziehung, die, -en; 15A1; 92
Bezug, der, "-e; 16A7; 100
Bibel, die, -n; 13A3; 78
Biene, die, -n; 8A6; 47
Bildschirm, der, -e; 2B9; 11
Biografie, die, -n; 4B; 23
bisher; 6.10; 37
Bistro, das, -s; 7E34; 45
blasen, blies, hat geblasen; 13D26; 84
Blasinstrument, das, -e; 17C20; 108
Blaumann, der, "-er; 12; 72
Blauton, der, "-e; 5.18; 33
blicken; 17D22; 109
Blickfang, der, (Sg.); 13A3; 78
blind; 12.10; 74
Blitz, der, -e; 3A1, 14
blitzen; 3A11; 15
Blockade, die, -n; 13C15; 81
blockieren; 13C15; 81
Blödsinn, der, (Sg.); 14B7; 86
bloß; 6.7; 36
Blumenvase, die, -n; 13D21; 83
Blutprobe, die, -n; 7C19; 42
Boden, der, "-; 13B8; 80
Bogen, der, "-; 17C20; 108
bombardieren; 10C9; 65
Bongo, das, -s; 17C20; 108
Brand, der, "-e; 10B6; 63
braten, briet, hat gebraten; 15D24; 97

Bratsche, die, -n; 17C21; 108
brechen, brach, hat gebrochen; 3E35; 21
breit; 13B8; 80
Bremse, die, -en; 7C19; 42
bremsen; 9A1; 54
Brotscheibe, die, -n; 9A1; 54
brüllen; 8A6; 47
brummen; 8A6; 47
brutal; 4C17; 25
Buchdruck, der, (Sg.); 9C18; 58
Büchse, die, -n; 13D26; 84
Büchsenöffner, der, -; 13D26; 84
Bügeln, das, (Sg.); 8A2; 46
bügeln; 10D20; 67
Bund, der, "-e; 10C9; 64
Bundesamt, das, "-er; 13A2; 78
Bundeskanzler, der, -; 15C13; 95
Bundespolitik, die, (Sg.); 15C13; 95
Bundespräsident, der, -en; 15C13; 95
Bundesrat, der, (Sg.); 15C13; 95
Bundesrepublik, die, (hier: Sg.); 15C16; 96
Bundesstraße, die, -n; 13C15; 81
Bundestag, der, (Sg.); 10B6, 63
Bundesverfassungsgericht, das, -e; 15C13; 95
Bundesvorstand, der, "-e; 15B9; 94
Bürger, der, -; 4C17; 25
Bürgerinitiative, die, -n; 15C16; 96
Bürokauffrau, die, -en; 7A1; 38
Bürokaufmann, der, "-er; 7A1; 38
Butterbrot, das, -e; 9A1; 54
Cartoon, der, -s; 4A1; 22
CD-ROM-Laufwerk, das, -e; 16A6; 99
CDU (Christlich Demoktatische Union), die, (Sg.); 15A4; 93
Cello, das, -s; 17C21; 108
Cha-cha-cha, der; 17D22; 109
Chance, die, -n; 14B8; 87
Chemie, die, (Sg.); 9D23; 59
Clique, die, -n; 14B11; 88
Computer-Netz, das, -e; 16A4; 99
Computermaus, die, "-e; 9D27; 59
Container, der, -; 13D21; 83
Controller, der, -; 7A1; 38
Cornflakespackung, die, -en; 13D21; 83
Cornflakesschachtel, die, -n; 13D21; 83
CSU (Christlich Soziale Union), die, (Sg.); 15C13; 95
da; 13A3; 78
dabei sein, war dabei, ist dabei gewesen; 9D22; 59
dabei; 14B8; 87
Dach, das, "-er; 10C9; 65
dahinterstecken (etwas steckt dahinter); 14B8; 87

damalig; 10C9; 64
damals; 7E34; 45
Dame, die, -n; 4C18; 26
damit; 13B8; 80
dankbar; 12.10; 75
dann; 3B; 16
darunter; 9D22; 59
Dauer, die, (Sg.); 9D22; 58
dauernd; 17B15; 107
Dauerwelle, die, -n; 7E34; 45
davon; 9D22; 59
dazugehören; 7A4; 38
dazugehörig; 9D22; 58
DDR (Deutsche Demokratische Republik), die, (Sg.); 15B9; 94
Demokratie, die, -n; 10B6; 63
demolieren; 16C18; 102
demonstrieren; 4C17; 25
Denkanstoß, der, "-e; 13A3; 78
dennoch; 13A3; 78
deren; 7D27; 43
desinteressiert; 15A4; 93
dessen; 7D27; 43
deutlich; 6.5; 35
Diakonissenhaus, das, "-er; 10C9; 65
Dialekt, der, -e; 8B20; 49
dicht; 15A4; 93
dichtmachen; 4C18; 26
dies; 15A4; 93
Diplom, das, -e; 17A7; 104
Disco-Swing, der; 17D22; 109
Diskette, die, -n; 13D21; 83
Disketten-Laufwerk, das, -e; 16A6; 99
divers; 16A7; 100
Donner, der (Sg.); 3A1, 14
Doppelzimmer, das, -, 8C14; 49
dran sein, war dran, ist drangewesen; 11.1; 68
drehen, sich; 4C18; 26
Dreher, der, -; 4B11; 24
Drittel, das, -; 7A7; 39
drohen; 2B9; 11
Druckbuchstabe, der, -n; 16C24; 103
Drucker, der, -; 3B19; 17
dummes Zeug; 14B7; 86
durchaus; 15A4; 93
durchführen; 10A1; 62
durchgreifen, griff durch, hat durchgegriffen; 7E34; 45
durchhalten, hielt durch, hat durchgehalten; 12.20; 77
durchschnittlich; 2B9; 11
Dusche, die, -n; 8C14; 49
ebenfalls; 4C19; 26
effektiv; 2B12; 12
EG-Staat, der, -en; 13C15; 81
ehemalig; 4C17; 25
Ehepaar, das, -e; 2C22; 13

eher; 15A4; 93
Eimer, der, -; 9F36; 61
einander; 13A3; 78
einbauen; 16C19; 102
eindringen, drang ein, ist eingedrungen; 13A3; 78
Eindruck, der, "-e; 12.4; 73
eineinhalb; 7E34; 45
einerseits; 2B9; 11
eines Tages; 17A8; 105
Einfluss, der, "-e; 15B9; 94
einführen; 9D22; 59
einige; 14D15; 90
einigermaßen; 14B8; 87
einiges; 13A3; 78
einsammeln; 2A5; 10
Einsatzdauer, die, (Sg.); 8A2; 46
einschalten; 9D27; 60
einschätzen (sich); 15A4; 93
einschieben, schob ein, hat eingeschoben; 7E34; 45
einsperren; 10B6; 63
Einstellen, das, (Sg.); 7C19; 42
Einstellung, die, -en; 13A4; 79
einstufen (sich); 15A4; 93
eintönig; 5.18; 33
Eintritt, der, (Sg.); 9E31; 60
einzeln; 14C12; 89
Einzelstück, das, -e; 9A1; 54
Einzelzimmer, das, -; 8C16; 49
Eisbär, der, -en; 14D14; 89
Eisbecher, der, -; 2C22; 13
Elefant, der, -en; 14D14; 89
Elektriker, der, -; 7A1; 38
elektrisch; 9C19; 58
elektronisch; 16A4; 99
Element, das, -e; 4C20; 26
empfangen, empfing, hat empfangen; 8D26; 50
endgültig; 18.23; 117
eng; 16C21; 103
Engagement, das, (Sg.); 15A3; 93
engagieren (sich); 15A3; 93
Engel, der, -; 14C; 89
Enkelin, die, -nen; 12.15; 76;
entdecken; 12.2; 72
Ente, die, -n; 8A6; 47
entfallen, entfiel, ist entfallen; 13D24; 83
entfernen; 9B7; 56
entgegenhalten, hielt entgegen, hat entgegengehalten; 8E33; 52
entgegennehmen, nahm entgegen, hat entgegengenommen; 12.7; 74
enthalten, enthielt, hat enthalten; 7C19; 42
Entscheidung, die, -en; 12.14; 75
entschließen (sich), entschloss sich, hat sich entschlossen; 12.14; 75
Entschluss, der, "-e; 12.14; 75

entsorgen; 13D21; 83
entspannen (sich); 8F39; 53
entstehen, entstand, ist entstanden; 9A3; 54
enttäuscht; 14B11; 88
entwerfen, entwarf, hat entworfen; 13A3; 78
entwickeln (sich); 14B8; 87
Entwicklungsland, das, "-er; 18.6; 112
Entwurf, der, "-e; 13A3; 78
erbauen; 10D22; 67
erbeuten; 18; 110
Erde, die (Sg.); 4B12; 24
Ereignis, das, -se; 10D13; 66
erfahren, erfuhr, hat erfahren; 11.11; 71
Erfinder, der, -; 9D28; 60
erfüllen; 17A8; 105
ergeben, ergab, hat ergeben; 15A4; 93
erhöhen (sich); 9D22; 59
Erholung, die, (Sg.); 13B6; 79
Erinnerung, die, -en; 18.2; 111
erkältet; 3E33; 21
Erklärung, die, -en; 3D30; 20
erlauben; 4B8; 23
erleben; 10C9; 64
Erlebnis, das, -se; 10C9; 64
erledigen; 12.7; 74
erleichtern; 8A2; 46
ermahnen; 18.6; 112
ermöglichen; 9D22; 59
ermorden; 10B6; 63
Ernten, das, (Sg.); 8A2; 46
erobern; 10C9; 65
eröffnen (1); 9D27; 60
eröffnen (2); 13A5; 79
erscheinen, erschien, ist erschienen; 18; 110
erschließen, erschloss, hat erschlossen; 14B9; 88
ersetzen; 3C28; 19
erstaunlich; 15A4; 93
erstaunt; 2C22; 13
Erstwähler, der, -; 15A4; 93
ertragen, ertrug, hat ertragen; 9F36; 61
erwähnen; 8A7; 47
erweitern; 9D22; 59
erwidern; 15D20; 97
erwischen; 14B8; 87
Erzählung, die, -en; 12.1; 72
erziehen, erzog, hat erzogen; 4B8; 23
etwa; 9A1; 54
ewig; 5.18; 33
Existenz, die, -en; 7E34; 45
exotisch; 4C18; 26
extrem; 13B8; 80

Fabrik, die, -en; 12; 72
Fachgebiet, das, -e; 9D22; 59
Fachgeschäft, das, -e; 16A7; 100
Fahrgeschwindigkeit, die, -en; 13B8; 80
Fahrradschlauch, der, "-e; 14E20; 91
Fahrradtour, die, -en; 8F38; 53
Fahrzeug, das, -e; 9C15; 57
Fakt, der, -en; 10A3; 62
Fall, der (auf jeden Fall); 5.15; 33
fallen (mit der Tür ins Haus fallen); 14B11; 88
falls; 12.20; 77
faul; 13D21; 83
Faust, die (die Faust im Sack machen); 13A3; 78
FDP (Freie Demokratische Partei), die, (Sg.); 15C13; 95
fehlen (1); 15A4; 93
fehlen (2); 18.21; 116
Feierabend, der, (Sg.); 12.3; 72
fein; 13D26; 84
Feld, das, -er; 8A2; 46
Fell, das, -e; 11.6; 69
Felsbrocken, der, -; 10D22; 67
Ferienort, der, -e; 8C16; 49
Fernsehgerät, das, -e; 2C22; 13
fest (1); 12.7; 74
fest (2); 17B15; 107
feststellen; 2B9; 11
feucht; 14B7; 86
finanziell; 9D22; 59
finanzieren; 17B15; 107
Fischgräte, die, -n; 16C18; 102
Fleck, der, -en; 14C; 89
fleißig; 16C24; 103
Floh, der, "-e; 1B10, 9
Flöte, die, -n; 17C21; 108
Flötistin, die, -nen; 17A4; 104
flott; 17D22; 109
flüchten; 18; 111
Flüchtling, der, -e; 4C17; 25
Flügel, der, -; 4E34; 29
Flugzeug, das, -e; 9A1; 54
flüssig; 9B7; 56
föderal; 15C13; 95
folgen; 5.7; 31
folgend-; 4C20; 26
fönen; 7E34; 45
fördern; 8A2; 46
Förderung, die, (Sg.); 8A2; 46
Forderung, die, -en; 15A4; 93
formatieren; 16A6; 99
formulieren; 10D22; 67
Formulierung, die, -en; 7E37; 45
forschen; 9D; 58
Forscher, der, -; 9D22; 59
Fotoapparat, der, -e; 9C18; 58
fotografieren; 9C19; 58
Foxtrott, der, -s; 17D22; 109

Frechheit, die, -en; 6.3; 35
frei; 4B8; 23
Freiheit, die, -en; 17A8; 105
Freizeitbereich, der, -e; 13B8; 80
Fremdsprache, die, -n: 2C; 13
Fremdsprachenkenntnisse, die (Pl.); 2C; 13
Frequenz, die, -en; 9D27; 60
Friseurmeisterin, die, -nen; 7E34; 45
Friseursalon, der, -s; 7E34; 45
fromm; 4B11; 24
Frosch, der, "-e; 8A6; 47
fruchtbar; 13B8; 80
Frühjahr, das, (Sg.); 9D22; 59
Frühstücksbuffet, das, -s; 8C14; 49
Führerschein, der, -e; 2A2; 10
füllen; 17C20; 108
funkelnd; 14C; 89
fürchten; 18.23; 117
Futur, das, (Sg.); 2B; 11
gängig; 17D22; 109
Gans, die, "-e; 8A6; 47
Gänsebraten, der, -; 8D23; 50
gar nicht; 12.3; 72
gar; 13D26; 84
Gärtner, der, -; 7A1; 38
Gastgeber, der, -; 8E33; 52
Gastronomie, die, (Sg.); 13B8; 80
Gebäude, das, -; 10A3; 62
Gebiet, das, -e; 9D24; 59
Gebirge, das, -; 5.6; 31
gebrauchen; 2C22; 13
Gedächtnis, das, -se; 11.10; 70
Gedanke, der, -n; 6.2; 34
geeignet; 13A3; 78
gefährden; 15D27; 97
gefährlich; 15D18; 96
gefahrlos; 9A1; 54
gefallen (sich etwas gefallen lassen); 6.14; 37
Gefängnis, das, -se; 13C17; 82
gegen; 13D26; 84
Gegenrede, die, -n; 15D29; 97
Gegenteil, das, -e; 12.15; 76;
gegenüber; 14B8; 87
Gegenwart, die, (Sg.); 16C21; 103
Gegner, der, -; 10B6; 63
gehen (es geht um etwas); 12.3; 72
Geige, die, -n; 17C21; 108
gelähmt; 9D27; 60
Gelegenheit, die, -en; 10B6; 63
Gemälde, das, -; 17B19; 107
General, der, "-e; 10D23; 67
Generalstreik, der, -s; 4C20; 26
genial; 16C24; 103
genießen, genoss, hat genossen; 8F39; 53
Genitivattribut, das, -e; 7B; 40
genügen; 18; 111
genügend; 16B12; 101

Genwissenschaft, die, -en; 9D22; 59
Gepäck, das, (Sg.); 8C16; 49
gerade; 15B9; 94
Gerät, das, -e; 9D27; 60
geraten, geriet, ist geraten; 17B15; 107
gerecht; 15A4; 93
Gericht, das, -e; 15C13; 95
germanisch; 16C21; 103
gerötet; 14B8; 87
gesamt; 13C15; 81
Geschäft, das, -e; 2B12; 12
Geschehen, das, (Sg.), 15A4; 93
geschehen, geschah, ist geschehen; 13A2; 78
Geschlechtsname, der, -n; 11.11; 71
Geschwindigkeit, die, -en; 13B6; 79
Gesellschaft, die, -en; 4C17; 25
Gesellschaftstanz, der, "-e; 17D22; 109
Gesichtsausdruck, der, "-e; 8E33; 52
Gespräch, das, -e; 14B8; 87
gestalten; 13A3; 78
Gestaltung, die, (Sg.); 15B9; 94
Geste, die, -n; 8E35; 52
Gesundheit!; 3E; 20
Gesundheit, die, (Sg.); 3A5; 14
Gewinner, der, -; 9D22; 59
gewiss-; 14B8; 87
Gewitter, das, -; 3A1; 14
gewöhnen; 12.10; 74
gewöhnlich; 9D27; 60
Gift, das, -e; 13A5; 79
Gipfel, der , -; 5.18; 33
Glas, das, (Sg.); 13D19; 83
glatt; 3B14; 16
Glatteis, das, (Sg.); 3E33; 21
gleichermaßen; 15B9; 94
gleichzeitig; 13C15; 81
glücklich; 1B5; 8
grammatisch; 1B10; 9
greifen, griff, hat gegriffen; 6.7; 36
Grille, die, -n; 8A6; 47
Grillparty, die, -s; 3A4; 14
grinsen; 4B11; 24
Grippetablette, die, -n; 3E33; 21
Großhandelskaufmann, der, "-er; 7A1; 38
grün; 15A4; 93
Gründer, der, -; 9D22; 58
Grundgesetz, das, (Sg.); 15C13; 95
Gründung, die, -en; 10B6; 63
Grünen, die, (Pl.); 15A4; 93
grunzen; 8A6; 47
grüßen; 14C; 89
günstig; 18.7; 112
Gute Besserung!; 3E35; 21
Gymnasialzweig, der, -e; 4B8; 23
Gymnasium, das, Gymnasien; 2C22; 13

hacken; 8A2; 46
hageln; 3A11; 15
Hahn, der, "-e; 3C21; 18
Hähnchenspieß, der, -e; 13D26; 84
Halbpension, die, (Sg.); 8C16; 49
Hälfte, die, -n; 4A1; 22
Halle, die, -n; 12.10; 75
Halsschmerzen, die, (Pl.); 3E33; 21
halten (1), hielt, hat gehalten; 7D32; 44
halten (2), hielt, hat gehalten; 9A4; 55
halten (3) (eine Rede halten); 15D28; 97
halten (4), hielt, gehalten; 18.10; 113
Hammer, der, -; 9F36; 61
Handarbeit, die, (Sg.); 12.20; 77
Handbremse, die, -n; 7C19; 42
Händchen halten; 14B11; 88
händchenhaltend; 14C; 89
Handeln, das, (Sg.); 13A3; 78
Handlung, die, -en; 12.1; 72
Handschuh, der, -e; 7C19; 42
Hang, der, "-e; 13D26; 84
hart (1); 9B7; 56
hart (2); 13A3; 78
hässlich; 14D15; 90
häufig; 3A4; 14
Hauptsatz, der, "-e; 7D25; 43
Hauptschulabschluss, der, "-e; 7E34; 45
Hauptschule, die, -n; 12.3; 72
Hausfrau, die, -en; 6.2; 34
Haushalt, der, -e; 8A2; 46
Hausschuh, der, -e; 9F36; 61
Hauswirtschaft, die, (Sg.); 10C9; 65
Heavy-Metal; 17A1; 104
heben, hob, hat gehoben; 6.5; 35
heil; 14A2; 86
Heimat, die, -en; 4A1; 22
heimlich; 14B8; 87
heiter; 3A1; 14
hektisch; 9A1; 54
hellsehen; 5.4; 30
Heranwachsen, das, (Sg.); 18.7; 112
herausbringen (keinen Ton herausbringen), brachte heraus, hat herausgebracht); 14B8; 87
herausfinden, fand heraus, hat herausgefunden; 8D23; 50
Herausforderung, die, -en; 18.7; 112
Herausgeber, der, -; 9D22; 59
herbeischleppen; 10D22; 67
Herkunftsland, das, "-er; 17C20; 108
Herrchen, das, -; 11.6; 69
herstellen; 12.9; 74
Herstellung, die, (Sg.); 9B7; 56
Herzklopfen, das, (Sg.); 14B7; 86
Heugabel, die, -n; 8A2; 46
heutig-; 9C15; 57

operieren; 9C16; 57
Opposition, die, (Sg.); 15C13; 95
orientieren (sich); 10B5 63
Ortsangabe, die, -n; 2B19; 13
Ozonschicht, die, (Sg.); 13A3; 78
Palme, die, -n; 5.2; 30
Panflöte, die, -n; 17C20; 108
Papiercontainer, der, -; 13E29; 85
Papierkorb, der, "-e; 13E29; 85
Pappe, die, -n; 7D32; 44
Partei, die, -en; 10B6; 63
passieren; 2B16; 13
Patient, der, -en; 4C18; 26
Pauke, die, -n; 17C21; 108
PDS (Partei des Demokratischen
    Sozialismus), die, (Sg.); 15A4; 93
peinlich; 6.6; 36
Pension, die, -en; 13B8; 80
per Post; 13A3; 78
perfekt; 4B11; 24
Persönlichkeit, die, -en; 17B14; 107
Perspektive, die, -n; 8D28; 51
Pfarrer, der, -; 7A1; 38
Pflanze, die, -n; 13B8; 80
pflegen; 4C18; 26
Pflegerin, die, -nen; 4C19; 26
Phantasie, die, -n; 14B8; 87
Physik, die, (Sg.); 9D22, 59
Pianist, der, -en; 7A1; 38
Pickel, der, -; 6.1; 34
Plakatentwurf, der, "-e; 13A3; 78
Plastik, das, (Sg.); 13D19; 83
Plastikbeutel, der, -; 13D21; 83
Platz, der, "-e, 18, 110
platzen; 14E20; 91
Plusquamperfekt, das, (Sg.); 10D15;
    66
Podium, das, Podien; 13C17; 82
Politik, die, (Sg.); 1A2; 7
Politiker, der, -; 7A1; 38
Politikfeld, das, -er; 15A1; 92
Polizei, die, (Sg.); 13C17; 82
Polnisch, -, (Sg.) (Schulfach); 2C22;
    13
Popmusik, die, (Sg.); 16C21; 103
Popstar, der, -s; 4D27; 28
Posaune, die, -n; 17C21; 108
Praktikum, das, Praktika; 7C; 41
praktisch; 10B6; 63
präsentieren; 13A2; 78
Präsident, der, -en; 15C12; 95
Preis, der, -e; 9D22; 58
Privatstrand, der, "-e; 7D28; 43
Probe, die, -n; 7C19; 42
proben; 18; 111
Produkt, das, -e; 4C16; 25
Produktion, die, (hier: Sg.); 12.13; 75
Professor, der, -en; 7A1; 38
Prognose, die, -n; 2B11; 11
Programm, das, -e; 16A6; 99

Programmierer, der, -; 7A1; 38
Protest, der, -e; 13C15; 81
protestieren; 6.4; 35
Prowort, das, "-er; 16C15; 101
prüfen; 15C13; 95
Prügel, der, -; 10C10; 65
Prügelstrafe, die, -n; 10C9; 64
Psychotherapeut, der, -en; 17A6; 104
Puppenecke, die, -n; 7C22; 42
Putzlappen, der, -; 8A2; 46
quaken; 8A6; 47
Quelle, die, -n; 13D26; 84
quietschen; 15D25; 97
Rahmen (im Rahmen); 15A4; 93
Randale, die, (Sg.); 4B11; 24
rasen; 16C18; 102
rasend; 14D13; 89
rasten; 13D26; 84
Rat, der, (Sg.); 14B11; 88
Ratgeber, der, -; 15D27; 97
räumen; 12.20; 77
Raumwissenschaft, die, -en; 9D22; 59
rausdrehen (herausdrehen); 9A1; 54
rausstrecken; 18; 110
reagieren; 6.6; 36
Reaktion, die, -en; 8D25; 50
Rechner, der, -; 16A6; 99
Rechnung, die, -en; 8C16; 49
Recht, das, -e; 10B6; 63
rechts; 15A4; 93
Rechtsradikale, der/die, -n; 4C17; 25
Rede, die, -n; 15D27; 97
Reduzierung, die, -en; 13B8; 80
Regen, der, (Sg.); 3A1; 14
Regenbogen, der, "-; 5.6; 31
Regenschirm, der, -e; 3C27; 19
Reggae, der, (Sg.); 17A2; 104
regieren; 10B7; 64
Regierung, die, -en; 10B6; 63
regnerisch; 3A9; 15
reich; 4B11; 24
Reichskanzler, der, -; 10B6; 63
Reichstag, der (Sg.); 10A1; 62
Reifen, der, -; 7C19; 42
Reihe, die, (an der Reihe sein);
    17C21; 108
Reisewetterbericht, der, -e; 3A10; 15
reißen, riss, hat gerissen; 18; 111
Reißverschluss, der, "-e; 9C18; 58
Reiz, der, -e; 2B8; 11
Relativsatz, der, "-e; 7D; 43
Rennen, das, -; 11.1; 68
Rente (in Rente gehen); 4B11; 24
Reparatur, die, -en; 7C19; 42
Reportage, die, -n; 13A2; 78
repräsentieren; 15C13; 95
Republik, die, -en; 10B6; 63
Rhetorik, die, (Sg.); 15D27; 97
Rhythmus, der, Rhythmen; 17D22;
    109

Richtlinie, die, -n; 15C13; 95
riskieren; 5.14; 32
Röhrchen, das, -; 17C20; 108
Rolle (etwas spielt eine Rolle); 4B11;
    24
Rollenklischee, das, -s; 15B9; 94
rösten; 9B7; 56
Rotkraut, das, (Sg.); 8D23; 50
Routinearbeit, die, -en; 7E34; 45
rücken; 3C23; 18
Rückgang, der, "-e; 2B9; 11
rückwärts; 13D26; 84
rund; 4A1; 22
Runde, die, -n; 11.1; 68
rundum; 13D26; 84
ruppig; 14B11; 88
saftig; 15D24; 97
Saison, die, -s; 18; 110
Saiteninstrument, das, -e; 17C21;
    108
samt; 17C20; 108
Sandburg, die, -en; 9F36; 61
satt; 6.2, 34
sauber; 4C20; 26
Sauwetter, das, (Sg.); 3A4; 14
Schaden, der, "-; 10C9; 65
schaffen; 12.22; 77
Schale (1), die, -n; 9A1; 54
Schale (2), die, -n; 9B7; 56
schämen (sich); 6.6; 36
schauen; 5.18; 33
Schauer, der, -; 3A1; 14
Schaum, der, (Sg.); 13D26; 84
Schein, der, -e; 18; 111
scheinen (1), schien, hat geschienen;
    3A4; 14
scheinen (2), schien, hat geschienen;
    12.4; 73
Schiene, die, -n; 13B8; 80
Schirm, der, -e; 3B14; 16
Schlachthof, der, "-e; 7A4; 38
schlagen (1), schlug, hat geschlagen;
    6.11; 37
schlagen, (2) schlug, hat geschlagen;
    15A4; 93
Schlaginstrument, das, -e; 17C21;
    108
Schlagzeile, die, -n; 5.2; 30
Schlagzeug, das, -e; 17C21; 108
schlecht (mir ist schlecht); 3E35; 21
schließlich; 10B6; 63
schlimm; 7A7; 39
Schluck, der, -e; 13D26; 84
schmal; 17C20; 108
schmerzverzerrt; 8E33; 52
schmutzig; 7C19; 42
schnattern; 8A6; 47
Schneefall, der, "-e; 3A9; 15
schneien; 3A11; 15
Schnitzel, das, -; 8D; 50

Schnitzeljagd, die, -en; 10C10; 65
Schnupfen, der, -; 3E33; 21
schnurren; 8A6; 47
schonen; 9A1; 54
schräg; 5.18; 33
Schreiber, der, -; 16B12; 101
Schriftstück, das, -e; 16A7; 100
Schritt, der, -e; 15A4; 93
Schubkarre, die, -n; 12.20; 77
schulen; 18; 110
Schülerdemo, die, -s; 13A5; 79
Schulfeier, die, -n; 14B8; 87
schützen; 9A4; 55
Schweigen, das, (Sg.); 6.8; 37
schwerfallen, fiel schwer, ist schwergefallen; 8B11; 48
Schwerlastverkehr, der, (Sg.); 13B8; 80
schwierig; 16C24; 103
Schwierigkeit, die, -en; 18.23; 117
schwitzen; 6.2; 34
SED (Sozialistische Einheitspartei), die, (Sg.); 15C16; 96
Sehenswürdigkeit, die, -en; 17B12; 106
seitdem; 18.12; 113
Seite (1), die, -n; 4B7; 23
Seite (2), die, -n; 17C20; 108
Sekunde, die, -n; 1B7; 8
selbständig; 7E; 45
Selbständigkeit, die, (Sg.); 8A2; 46
Selbstbedienungsrestaurant, das, -s; 6.2; 34
selbstbewusst; 7E34; 45
selbstgewählt; 9D22; 59
Selbstversorger, der, -; 10C10; 65
selbstverständlich; 8C14; 49
selten; 15D17; 96
Sender, der, -; 8D23; 50
senken; 15A4; 93
sensibel; 14B8; 87
Serviererin, die, -nen; 4C18; 26
sicher; 12.1; 72
Sicherheit, die, (Sg.); 7C19; 42
siebentorig; 10D22; 67
siegen; 18.10; 113
Signal, das, -e; 14B8; 87
Simulant, der, -en; 3E35; 21
sinken, sank, ist gesunken; 18; 110
Sinn, der, (hier: Sg.); 16A7; 100
Sitte, die, -n; 11.11; 71
Sitz, der, -e; 10B6; 63
skeptisch; 13A3; 79
sodass; 9D27; 60
Soldat, der, -en; 7A1; 38
sondern (nicht nur ... sondern auch ...); 13B8; 80
Sonderpreis, der, -e; 9D22; 59
Sonnenuntergang, der, "-e; 5.18; 33
sonstwo; 14B11; 88

sortieren; 16B12; 101
sowie; 17D22; 109
Sozialarbeiter, der, -; 7A1; 38
sozialdemokratisch; 10B6; 63
sozusagen; 14B8; 87
Sparte, die, -n; 9D22; 59
spazieren fahren, fuhr spazieren, ist spazieren gefahren; 6.1; 34
SPD (Sozialdemokratische Partei Deutschlands), die, (Sg.); 15A4; 93
speichern; 9D27; 60
Speisekarte, die, -n; 6.2; 34
sperren; 13C15; 81
Spezialität, die, -en; 2C22; 13
spiegeln (sich); 5.18; 33
Spieß, der, -e; 4C18; 26
Sprachbild, das, -er; 5.14; 32
Sprachführer, der, -; 8C16; 49
Sprachgeschichte, die, (Sg.); 16C21; 103
Sprachschwierigkeit, die, -en; 14C; 89
Sprechblase, die, -n; 14D15; 90
Sprecher, der, -; 13C15; 81
Sprichwort, "-er; 3C22; 18
Staatsbürgerschaft, die, -en; 4A1; 22
Stadtführung, die, -en; 17B11; 106
Stadtreinigung, die, (Sg.); 4C19; 26
Stadtteilbibliothek, die, -en; 13A5; 79
Stall, der, "-e; 8A2; 46
stammeln; 14B7; 86
stammen; 7D27; 43
Stammtreff, der, -s; 14B11; 88
stark; 15A4; 93
Stärke, die, -n; 17A5; 104
Startfeld, das, -er; 17C21; 108
statt; 13A; 78
stecken; 6.8; 36
steckenbleiben, blieb stecken, ist steckengeblieben; 16C18; 102
Stelle (1), die, (Sg.); 6.6; 36
Stelle (2), die, -n; 17B15; 107
Stellenwert, der, (Sg.); 16A7; 100
Stellung nehmen, nahm Stellung, hat Stellung genommen; 16A4; 99
Stellvertreter, der, -; 15B9; 94
Stern, der, -e; 5.12; 32
Sternzeichen, das, -; 5.11; 32
Steuer, die, -n; 15A4; 93
steuerbar; 9D27; 60
steuern; 9D27; 60
Stich, der (einen Stich haben); 14A2; 86
still; 13D26; 84
Stimme (1), die, -n; 2C22; 13
Stimme (2), die, -n; 15A4; 93
Stimmung, die, -en; 5.18; 33
stinken, stank, hat gestunken; 4C18; 26

Stock, der, "-e, 10C10; 65
Stoff (1), der, -e; 13D19; 83
Stoff (2), der, (Sg.); 17B15; 107
stolz; 17C20; 108
Storch, der, "-e; 8A6; 47
stoßen, stieß, hat gestoßen; 3C27; 19
Streichinstrument, das, -e; 17C20; 108
Streit, der, (Sg.); 4B12; 24
streng; 4B8; 23
stressfrei; 9A1; 54
strömen; 17D22; 109
Strophe, die, -n; 8A8; 47
Struktur, die, -en; 5.6; 31
Stück, das, -e; 7D32; 44
Studium, das, (Sg.); 17A6; 104
stumm; 6.6; 36
Sturm, der, "-e; 3C27; 19
stürmen; 18; 111
Sturz, der "-e; 18; 110
summen; 8A6; 47
Summton, der, "-e; 9D27; 60
Superstar, der, -s; 17B13; 107
Suppe, die, -n; 4C18; 26
Sympathie, die, -n; 15A4; 93
Symptom, das, -e; 14B8; 87
Tablette, die, -n; 3E33; 21
Tagebuch, das, "-er; 14D15; 90
tagen; 10B6; 63
Taggeld, das, -er; 8A2; 46
Tal, das, "-er; 3D30; 20
Tamburin, das, -e; 17C21; 108
Tasse, die, -n; 4C18; 26
Tastatur, die, -en; 16A6; 99
Täter, der, -; 18; 110
Tätigkeit, die, -en; 8A3; 46
tatsächlich; 6.7; 36
technisch; 12.13, 75
Techno-Szene, die, (Sg.); 17D22; 109
Teenager, der, -; 17D22; 109
teilhaben, hatte teil, hat teilgehabt; 9D27; 60
Teilnahme, die, (Sg.); 9D22; 59
Teilnehmer, der, -; 9D22; 58
Teilnehmerzahl, die, -en; 9D22; 59
Temperatur, die, -en; 3A9; 15
Teufelskreis, der, -e; 4D25; 28
These, die, -n; 2B9; 11
Tiefflieger, der, -; 10C9; 65
Tiefkühlkost, die, (Sg.); 9C19; 58
Tierlaut, der, -e; 8A7; 47
Tierpfleger, der, -; 7A1; 38
Tiger, der, -; 14D14; 89
tippen; 16A4; 99
Tod, der, (Sg.); 17B15; 107
Todesanzeige, die, -n; 13A3; 78
tolerant; 17D22; 109
Tomatensauce, die, -n; 6.7; 36

Vertreter, der, -; 13C17; 82
Verwaltung, die, (Sg.); 12.3; 72
verwandt; 16C21; 103
verwelkt; 13D21; 83
verwirklichen; 7E34; 45
Verwüstung, die, -en; 18; 111
vibrieren; 17C20; 108
viert (zu viert); 13A3; 78
vitaminreich; 9E31; 60
Vöglein, das, -; 4E34; 29
Volkshochschule, die, -n; 2B9; 11
Volkslied, das, -er; 5.9; 31
Volksmusik, die, (Sg.); 17A1; 104
Vollpension, die, (Sg); 8C16; 49
Voraussetzung, die, -en; 18.6; 112
vorbeifliegen, flog vorbei, ist vor-
    beigeflogen; 14C; 89
Vordergrund, der (im Vordergrund);
    5.6; 31
vorgeben, gab vor, hat vorgegeben;
    2B13; 12
Vorlesung, die, -en; 16A7; 100
vornehmen (sich), nahm sich vor, hat
    sich vorgenommen; 7E34; 45
Vorsatz, der, "-e; 2A; 10
vorschwärmen; 14B11; 88
Vorstellung, die, -en; 17A7; 104
Vortrag, der, "-e; 18.13; 114
vortragen, trug vor, hat vorgetragen;
    14C12; 89
vorweisen, wies vor, hat vorge-
    wiesen; 17A7; 104
vorziehen, zog vor, hat vorgezogen;
    17D22; 109
Wahl (1), die, (Sg.); 7E35; 45
Wahl (2), die, -en; 15A4; 93
wählen; 15A4; 93
Wahlzettel, der, -; 15A4; 93
während; 8A2; 46
Wald, der, "-er; 1B10, 9
Walzer, der, -; 17D22; 109
Wange, die, -n; 8E33; 52
Warmherzigkeit, die, (Sg.); 4B8;
    23
Waschmaschine, die, -n; 9C19; 58
WC, das, -s; 8C14; 49
wechseln; 3A4; 14
wecken; 9D22; 59
Wecker, der, -; 3B16; 16
wegwerfen, warf weg, hat wegge-
    worfen; 13D22; 83
Wegwerftischtuch, das, "-er; 13D26;
    84
weh tun, tat weh, hat weh getan;
    3E35; 21
Wehrmachtsbericht, der, -e; 10C10;
    65
weiblich; 12.7; 73
weich; 11.6; 69
Weile, die, (Sg.); 6.11; 37

Weinchen, das, -; 13D26; 84
weinen; 14D14; 89
weiter-; 13B9; 80
weiterglühen; 13D26; 84
weitgehend; 10C9; 65
weltweit; 16C21; 103
Weltwirtschaftskrise, die, -en; 10B6;
    63
wenigstens; 12.10; 74
Werbeslogan, der, -s; 13A2; 78
Werbetext, der, -e; 13A2; 78
werfen, warf, hat geworfen; 13E29;
    85
Werkstatt, die, "-en; 7C18; 41
Werkzeug, das, -e; 9A1; 54
wertvoll; 9A1; 54
Westentasche, die, -n; 9A1; 54
Wettbewerb, der, -e; 9D22; 58
Wetterkarte, die, -n; 3A6, 15
Wetterkatastrophe, die, -n; 3D30;
    20
wiehern; 8A6; 47
wild; 17B15; 107
Wind, der, -e; 3A1; 14
Wirklichkeit, die, -en; 18.7; 112
Wirkung, die, (Sg.); 13A3; 78
Wirtschaft, die, (Sg.); 4C17; 25
wirtschaftlich; 13B8; 80
Wissenschaftler, der, -; 9D22; 59
Witz, der, -e; 1B10; 9
wöchentlich; 8A2; 46
wohl fühlen (sich); 12.13; 75
Wohlstand, der, -; 13B7; 80
Wohnviertel, das, (Sg.); 15D27; 97
Wolke, die, -n; 3C27; 19
wolkig; 3A1; 14
worauf; 8F; 53
woraus; 13D19; 83
wörtliche Rede, die, (Sg.); 15D18;
    96
Wortschatzkiste, die, -n; 3B17; 16
worum; 8B19; 49
wozu; 2C; 13
Wunder, das, -; 3E33; 21
Wurzel, die, -n; 16C21; 103
würzen; 4C18; 26
wütend; 6.8; 36
Xylofon, das, -e; 17C21; 108
zack!; 14B8; 87
zählen; 11.11; 71
Zahnarzt, der, "-e; 7A1; 38
Zahnpastatube, die, -n; 13D21; 83
Zauber, der, (Sg.); 18.7; 112
Zebrastreifen, der, -; 9A1; 54
Zeichenlehrer, der, -; 13A3; 78
Zeichner, der, -; 5.1; 30
Zeitalter, das, (Sg.); 16A7; 100
Zeitlang, (eine Zeitlang); 8A2; 46
Zeitleiste, die, -n; 10B5 63
Zeitschrift, die, -en; 2B9; 11

Zeitungsnotiz, die, -en; 5.1; 30
Zeitverschiebung, die, -en; 8D23; 50
zerbrechen, zerbrach, hat zer-
    brochen ; 5.14; 32
zerkleinern; 9B7; 56
zerrupfen; 18.10; 113
zerstören; 10B6; 63
Zerstörung, die, -en; 13B8; 80
Zettelchen, das, -; 14B11; 88
Zeugnis, das, -se; 2A3; 10
Ziege, die, -n; 8A6; 47
Zitat, das, -e; 13A3; 78
zitieren; 7C20; 42
zitternd; 14B7; 86
Zollstation, die, -en; 13C15; 81
Zone, die, -n; 10B6; 63
zucken; 8E33; 52
Zucker, der, (Sg.); 9B7; 56
zufällig; 12.9; 74
zugemauert; 5.18; 33
Zugriff, der, (Sg.); 18; 110
Zuhörer, der, -; 13C17; 82
zukommen, kam zu, ist zugekom-
    men; 7E34; 45
Zukunft, die, (Sg.); 2B9; 11
Zukunftsentwicklung, die, -en; 2B12;
    12
Zukunftsstudie, die, -n; 2B9; 11
zum Schluss; 16A4; 99
zunächst; 4A1; 22
Zunahme, die, (Sg.); 13B8; 80
Zuname, der, -n; 11.11; 71
Zündkerze, die, -n; 7C19; 42
zunehmen, nahm zu, hat zugenom-
    men; 13B8; 80
Zunge, die, -n; 18; 110
Zuordnung, die, -en; 15A2; 92
zurückbleiben, blieb zurück, ist
    zurückgeblieben; 14B11; 88
Zurückhaltung, die, (Sg.); 15B9; 94
Zusammenarbeit, die; 18.5; 112
zusammenbinden, band zusammen,
    hat zusammengebunden; 17C20;
    108
Zusammenhang, der, "-e; 13B9; 80
Zusatzinformation, die, -en; 7D32;
    44
zusätzlich; 2B9; 11
Zuschauer, der, -; 14D14; 89
zuschicken; 13A3; 78
zustimmen; 8D25; 50
Zustimmung, die, (Sg.); 15C13; 95
Zutaten, die, (Pl.); 9B7; 56
zutreffen, traf zu, hat zugetroffen;
    15A3; 93
Zweck, der, -e; 8F39; 53
Zweite Weltkrieg, der, (Sg); 10B6;
    63
zweitgrößt-; 4A3; 22
zwitschern; 8A6; 47

Seite	Quelle
11	AZ 10./11. 1994; Foto: Installation von Nam June Paik: Jean-M. de Moral, Paris
13	oben: SZ-Archiv, München; Porträts: T. Scherling
14	oben: T. Scherling; Mitte: M. Koenig
15	HNA, Kassel
19	Aus: Heinrich Hoffmann, Der Struwwelpeter
20	Süddeutscher Verlag, Bilderdienst, München
21	dpa, Hamburg
22	Karikatur: Erich Rauschenbach; Statistik: Globus Kartendienst
23	Text (Selda Öztürk) aus: PZ 83; Foto: Claus Knobel
24	Text (Kenan Kaca) aus: PZ 83; Fotos: Claus Knobel
25	oben: T. Scherling; unten v.l.n.r: Süddeutscher Verlag, Bilderdienst, München; dpa, Hamburg, T. Scherling
26	C. Knobel, Kassel
26	Aras Ören: Ein imaginärer Ausländergeneralstreik in Berlin. Aus: Rudzinski, Manfred, Aktionshandbuch Ausländer, Lamuv Verlag, Göttingen (Auszüge)
30	Manfred Deix, Zukunftsprognosen, Agency for Music & Art, Kiss & Friedl GNB. R, Wien
31	Hermann G. Klein Verlag, Speyer
33	Aus: Susanne Kilian, Die Stadt ist groß, Beltz & Gelberg, Weinheim 1976
34	Mit freundlicher Genehmigung von Federica de Cesco.
38	Wörterbuchauszüge aus: Langenscheidts Großwörterbuch Deutsch als Fremdsprache, Langenscheidt Verlag, München 1993
39	Globus Kartendienst
40	V. l. n. r.: 1+3 Büchergilde Gutenberg, Frankfurt; 2 Claasen Verlag, Hildesheim; 4 C. H. Beck'sche Verlagsbuchhandlung, München; 5 Campus Verlag, Frankfurt/M.
41	Betriebspraktikum: DG Verlag, Wiesbaden; Fotos: H. Funk
42	H. Funk
45	Aus: Was werden – 6/95, Hrsg. Bundesanstalt für Arbeit, Nürnberg, Verlag Transmedia, Mannheim; Fotos: Verlag Transmedia, Christian Roskowetz
46	Landdienst, Zürich
49	Polyglott Sprachführer Polnisch, © Polyglott Verlag, München 1988, 5. Aufl. 1994
50	Fotos: S. Keller
51	Ausweis: RDS Reisedienst, Hamburg; Fotos: S. Keller
52	Claus Knobel
54	Bild, 12.11.95; Fotos: Kenji Kawakami, Chindogu Academy, Tokyo
55	l. u. M.: S. Keller; r.: Lutz Rohrmann
56	Aus: Gut eingekauft – Ein Wegweiser durch die Welt der Lebensmittel, REWE-Verlag GmbH, Köln, S. 170f.
58	Peter Schössow/STERN
59	H. H. Gerhard, Stiftung Jugend forscht e.V., Hamburg
61	juma/TIP 2/95 (Regenschirm); alle anderen aus: Jacques Carelman, Neue erstaunliche Dingeling, © Benteli-Werd Verlags AG, Wabern bei Bern
62	L. Rohrmann
63	Fotos: 1–3: AKG, Berlin; 4 Frieder Blickle, Bilderberg
64	H. Funk
65	1 H. Funk, 2+3 AKG, Berlin
67	Gedicht aus: Bertolt Brecht, Gesammelte Werke Band 9, Suhrkamp Verlag, Frankfurt/M., 1967
69	H. Funk
70	1. Reihe: M. Koenig; 2. Reihe: l. Interfoto München; r. M. Koenig
71	Georges, I, Histoire universelle des chiffres, Paris, Seghers, 1981
72	Aus: Ann Ladiges, Blaufrau, rotfuchs 252. Copyright © 1981 by Rowohlt Taschenbuch Verlag GmbH, Reinbeck
78	Bundesamt für Umwelt, Bern
78	Maja und Daniel Minder, Muri; Philippe Bachmann, Wilen
79	Borelli Edo, studio fotografico, Airolo
81	Text: dpa (gekürzt); Foto: Süddeutscher Verlag Bilderdienst, München
82	Zeitschrift GREENPEACE, 3/96
83	Oben: G. Mariotta; unten 1–4 L. Rohrmann
84	Mit freundlicher Genehmigung von Franz Hohler
84	Aus: Erich Fried, Lebensschatten, Wagenbach Verlag, Berlin 1981
86	Lied: Mathias Reim, Bernd Dietrich, © Känguruh Musikverlag, Bernd Dietrich; Fotos: Claus Knobel
87-88	stafette 1/94, Foto: Susann Müller, Wien
89	Für die Welt ... aus: Musenalp Express 2/96, Schweiz; Sprachschwierigkeiten aus: Hans Manz, Die Welt der Wörter, Beltz & Gelberg, Weinheim und Basel 1993
91	© 1996 KRT/Distr. Bulls.
93	HNA, Kassel
94	Statistik: Bundespresseamt 11/94; Fotos: bonnsequenz, Bonn; Texte aus: Young Miss, 7/96
95	Fotos: dpa
98	Lexikon, Grammatiktrainer: Data Becker, Düsseldorf
99	Computer: Claus Knobel
100	HNA (leicht gekürzt)
104	O. und N. Padalina, Savosa
105	S. Keller
106	Karte + Text: Fremdenverkehrsbetriebe der Stadt Salzburg; Fotos: Österreich Werbung, Zürich
107	Gemälde: Internationale Stiftung Mozarteum, Salzburg; Szenenfoto: Interfoto, München
108	S. Keller
109	Glückspost, Zürich, mit freundlicher Genehmigung
110	Lächeln... u. Lust auf ... © Neue Kronen Zeitung Wien; Mund zu ... aus Salto 7/92, mit freundlicher Genehmigung; Lichtenbergschule ...: HNA, Kassel; Foto: Süddeutscher Verlag, Bilderdienst, München
111	Schülerzeitschrift: Ministry of Education – Language Centre, Singapur
112	Plakat aus: Die Welten der Wörter, Hrsg. Unesco Institut f. Pädagogik/Ernst Klett Verlag; Texte unten aus: jetzt (Jugendbeilage der Süddeutschen Zeitung), Sonderausgabe zur Buchmesse 1994
113	Texte aus: jetzt (Jugendbeilage der Süddeutschen Zeitung), Sonderausgabe zur Buchmesse 1994
117	Aus: Helmut Müller, Der eine und der andere – Szenische Dialoge, Klett Verlag, Stuttgart 1975

In einigen wenigen Fällen ist es uns trotz intensiver Bemühungen nicht gelungen, die Rechteinhaber von Texten und Bildern zu ermitteln. Für Hinweise, die uns helfen, die Copyright-Inhaber zu finden, wären wir dankbar.